La vía del creativo

Para Arsène y Marion

OTRAS OBRAS DE **OSHO** EN CASTELLANO

Gaia Ediciones (Madrid)

Meditación hoy (DVD + libro)
El libro de los secretos
El secreto de los secretos
Tarot Osho Zen
El libro de la sabiduría
El arte del té
Amor, libertad y soledad
El libro de la nada
India, mi amor
Meditación para gente ocupada
El juego de la vida
El juego de la transformación
Vida, amor y risa
Buda, su vida y enseñanzas
Tao, su historia y enseñanzas
Tantra, el camino de la aceptción
Zen, su historia y enseñanzas

Neo Person (Madrid)

El gran desafío
Más allá de la psicología
De la medicación a la meditación

Para más información

www.OSHO.com

Un amplio sitio web en varias lenguas, que ofrece una revista, libros OSHO y OSHO Talks en formato audio y video, la Biblioteca OSHO con el archivo completo de los textos originales en inglés e hindi, y una amplia información sobre las meditaciones OSHO.
También encontrarás el programa actualizado de la multiversidad OSHO e información sobre el Resort de Meditación Osho Internacional.

YouTube: http://www.youtube.com/oshointernational
Facebook: http://www.facebook.com/OSHO.International
Twitter: http://www.Twitter.com/OSHOtimes
Newsletter: http://OSHO.com/newsletters

Para consultar otras obras de Osho en castellano,
pregunta en tu librería habitual o entra en:

www.alfaomega.es

OSHO INTERNATIONAL
e-mail: oshointernational@oshointernational.com
www.osho.com/oshointernational

La vía del creativo

Guía para reinventar nuestra práctica y nuestra mirada

Guillaume Lamarre

GG

Título original: *La voie du créatif*, publicado en 2016 por
Pyramyd éditions.

Traducción: Álvaro Marcos
Diseño: Toni Cabré / Editorial GG
Ilustración de la cubierta: Sergio Membrillas

1ª edición, 4ª tirada, 2021

Printed in Spain
ISBN: 978-84-252-3084-4
Depósito legal: B. 8108-2018
Impresión: agpograf impressors, Barcelona

Editorial GG, SL
Via Laietana 47, 3.º 2.ª, 08003 Barcelona, España. Tel. (+34) 933 228 161
www.editorialgg.com

"Todos son poetas y saben leer
en el viento."

· · · · · · · · · · · · · · · · · ·

BOB DYLAN

ÍNDICE

9 Prólogo

16 DI SÍ

22 NO ERES LO QUE PIENSAS

28 ELIGE TU MUNDO

34 ELIGE A TUS HÉROES

40 CONVIÉRTETE EN UN *PRO*

46 EXPLORA TU DÍA A DÍA

54 ¿Y SI HACEMOS COMO PAUL SMITH?

58 CONECTA

64 DERROTA A TU DRAGÓN

72 COMIENZA ALLÍ DONDE ESTÉS

78 ¡DA!

84 "FECK PERFUCTION"

90 ACTÚA CON DESPRENDIMIENTO

96 SIEMBRA

102 NO DEPENDAS DE LA CONFIENZA

108 ESCRIBE EL LIBRO QUE QUIERES LEER

114 CREA TUS RITUALES

120 **TRANSGREDE**

126 **SIGUE SIENDO UN PRINCIPIANTE**

132 **APUNTA AL INFINITO**

136 **EXCEDE TUS FUNCIONES**

140 **¿Y SI HACEMOS COMO PAUL AUSTER?**

144 **CUENTA UNA HISTORIA**

148 **AMA A TUS CLIENTES**

152 **DATE UN 10 SOBRE 10**

156 **VETE A DAR UNA VUELTA**

162 **DIVIÉRTETE**

168 **TEN UNA OPINIÓN**

174 **CAE COMO LA NIEVE**

180 **GUARDA SILENCIO**

187 Notas

190 Conclusión

194 Referencias

198 Agradecimientos

199 Sobre el autor

Prólogo

"Un espartano no pregunta cuántos enemigos hay, pregunta dónde están."

· · · · · · · · · · · · · · · ·

PLUTARCO

Las palabras de este libro tienen un poder limitado. Pueden, en el mejor de los casos, mostrar un camino. Este camino es la vía del creativo. Una ruta sin destino que se basta a sí misma y por la que puedes elegir aventurarte con valentía. La creatividad no se somete a ningún dogma. Se parece un poco a un caballo salvaje: podemos llegar a montarlo durante unos instantes, tal vez durante algunas horas, pero terminará siempre por descabalgarnos y recuperar su libertad, que es su estado natural. La creatividad no le pertenece a nadie.

Más allá de un método, este libro está concebido como una presentación de lo que podríamos llamar el espíritu creativo. No confundamos nunca el mapa que leemos con el territorio que recorremos. Pese a todo lo que haya podido haber aprendido antes, el creativo siempre estará solo frente a la página en blanco. No existe ningún atajo para recorrer la vía del creativo, porque en realidad esta senda no conduce a ninguna parte; si bien, paradójicamente, te puede conducir a todas partes. La creatividad es un camino y no un destino. No se deja asir fácilmente, pues, aunque se trata de una cosa muy simple, no es, desde luego, una cosa sencilla. Hay que procurar, sin embargo, permanecer siempre en estado de apertura y con buena predisposición. Para un creativo, la clave está en la práctica misma, en la repetición cotidiana de gestos y en el paso a la acción. También en la construcción de sus propias convicciones, de sus propias recetas, en el progresivo conocimiento de sí mismo y en el abandono de lo que no se es. Es decir, en comprender qué constituye realmente la propia esencia y en dejar de aferrarse a lo que no es más que una versión imaginaria de uno mismo. Este libro parte del principio de que, en tanto seres humanos, todos somos una construcción narrativa, hecha de recuerdos, de pensamientos, de sentimientos y de sensaciones, a su vez inventariados, etiquetados y clasificados según una jerarquía que le es propia a cada quien. Esta guía constituye sobre todo una herramienta para cuestionar, o para hacer que se tambaleen, algunas de estas convicciones e ideas preconcebidas, designadas y aceptadas por nosotros mismos como aquello que "somos".

Tratemos juntos de modificar ese relato. O mejor… comencemos a escribir juntos un nuevo relato. Escribamos, si te parece bien, una historia en la que tú seas la heroína o el héroe, una historia que te permita recuperar tu posición central y legítima como creadora o creador.

EL *HAGAKURE* DEL CREATIVO

El creativo es un samurái. Como tal, debe contar con la técnica, la ética, la abnegación y, sobre todo, el coraje necesarios. Y como tal, también, debe conocer el código por el que se rige su casta. Tienes que saber, en primer lugar, que la guía del samurái existió y existe realmente. Se trata de un libro llamado *Hagakure*. En japonés, la palabra *hagakure* significa "oculto bajo las hojas" u "hojas ocultas". El libro es una recopilación de las conversaciones mantenidas durante siete años por un aprendiz de samurái, Tashiro Tsuramoto, y un maestro jubilado de unos 50 años, Yamamoto Tsunetomo, y fue escrito a mediados del siglo XVIII. El libro que sostienes en tus manos pretende ser un humilde equivalente dirigido a los creativos de hoy en día. El *Hagakure* fue concebido en un momento de la historia en el que la casta de los samuráis estaba desapareciendo. Esta obra se sitúa, por el contrario, en un momento en el que los creadores y creativos están por todas partes. Por eso, en sus páginas, evocaremos y citaremos a un cierto número de ellos, maestros en diferentes campos (la música, el diseño, el deporte, etc.), partiendo de la idea de que son, en efecto, verdaderos samuráis de los tiempos modernos. Veremos de qué manera su trayectoria, su visión y su práctica nos pueden inspirar. A fin de aplicar ejemplos a nuestro día a día, también hemos seleccionado lo que hemos denominado katas. Las katas son al karateka lo que las escalas al pianista, y aquí consisten en ejercicios que permiten al creativo entrenarse y liberarse de todo aquello que lastra su espíritu. Considéralas, sencillamente, como guías que te permitirán ver tu práctica de otra manera. Puedes decidir trabajarlas cuando y como mejor te convenga, según la inspiración del momento. Eres libre también de adaptarlas a tus necesidades o de crear otras nuevas. Como veremos enseguida, es importante adoptar una actitud correcta y adecuada a tu propia actividad. Estas katas pueden ayudarte.

LA EXIGENCIA DE ATENCIÓN

En la actualidad, desde un punto de vista tanto individual como colectivo, la creatividad se ha convertido en un requisito esencial en prácticamente todas las profesiones. También en todo tipo de organizaciones (en empresas y asociaciones, en el sector público y el privado, en política, etc.). No en vano, vivimos en el corazón de la famosa "economía de la atención" que el filósofo Gabriel Tarde ya evocó a principios del siglo xx. El investigador Herbert Simon definió sus premisas en 1969: "En un mundo rico en información, la abundancia de esta implica la escasez de otro recurso, aquel que es consumido por la información. Resulta evidente lo que es consumido por la información: la atención de sus receptores. La abundancia de información genera una carestía de atención y la necesidad de repartir eficazmente esta atención entre la superabundacia de fuentes de información que pueden consumirla".[1] Habitualmente se identifica esta atención, sobre la que tanto se investiga, con el tiempo "cerebral" disponible para digerir los miles de mensajes difundidos cotidianamente por el conjunto de medios y soportes existentes, ya sean impresos o digitales. También se asume que para captar esa atención hay que incrementar tanto como sea posible los mensajes y su circulación. Se produce así una sobrepuja competitiva en la que se olvida, como ya advirtió el diseñador Charles Eames, que "a fin de cuentas, todo está conectado, los individuos, las ideas, los objetos. Es en esa conexión donde se encuentra la calidad propiamente dicha". En realidad, la solución es muy otra. El secreto, si es que hay alguno, es que todos estamos dispuestos a ofrecer nuestra atención a cambio de una sola cosa... más atención.

La atención que las propias marcas prestan a la concepción, la fabricación y la distribución de sus productos, de sus ofertas o de sus servicios. La atención que los políticos prestan a la calidad de sus compromisos, de su sinceridad y de las soluciones que proponen. La atención que los artistas consagran a su obra o la que los deportistas de élite ponen en su práctica sobre el terreno y en su entrenamiento cotidiano. Cuando hablamos de atención, de hecho, estamos hablando de la pasión que ponemos en nuestra obra, de nuestra capacidad individual para dar, para ofrecer tanto como sea posible. Es de esa cualidad, que parece haberse convertido en algo tan raro y tan precioso, de lo que hablamos aquí.

Sin atención, no hay creatividad. Una marca es un subproducto de la innovación. Pero la innovación es, a su vez, un subproducto de la empatía. Esta necesidad de empatía coloca la noción anglosajona de *insight* ('comprensión', 'revelación') en el centro del esquema. El *insight* es la pepita de oro del creativo. Un concepto proteiforme, difícil de aprehender, que reviste un sentido diferente para cada persona. Así, puede ser el tema que subyace tras la obra de un escritor, de un pintor o de un compositor. Es también la piedra de toque en la que un redactor o un director artístico basan una campaña publicitaria. Es asimismo el mensaje esencial que un periodista o un documentalista transmiten tras su indagación. Es un principio fundacional, la columna vertebral de toda historia. En su acepción primera, un *insight* consiste en la comprensión precisa y profunda de algo, de un comportamiento o de lo que sea. Ser capaz de percibir ese *insight* y de traducirlo de una manera creativa significa ser capaz de producir un objeto que una lo particular y lo universal, para que resuene en los corazones de unos y otros.

Podemos afirmar que la época en la que vivimos exige grandes dosis de coraje. Un coraje que no precisa de armas ni de enfrentamiento físico, pero que sí requiere de un corazón intrépido, de generosidad y de un carácter desprendido. Seguir la vía del creativo implica abrazar el cambio, como hace un surfista que cabalgala la ola sin querer domarla nunca. Implica cruzar día tras día las fronteras que delimitan las propias zonas de confort. Implica, en definitiva, aceptar el momento presente como el único momento en el que tiene lugar la experiencia.

EL *LONG HUNTER*

Los tiempos en que la creatividad estaba acotada a las profesiones artísticas y a las industrias llamadas "creativas" (el cine, la música, la publicidad, etc.) han quedado atrás. Las lógicas de las organizaciones que realizan estas actividades son adoptadas, cada vez más, por muchas otras estructuras en busca del mejor modelo de gestión para generar ideas, producir innovación y alumbrar los usos del mañana.

La solución no es individualista, pero sí individual. Como señala Cynthia Fleury en su libro *Les Irremplaçables* ['Los irreemplazables'], consiste en "ir por delante de tu propio campo como uno va por delante del mundo". Todo depende, por lo tanto, de uno mismo. A mediados de los años 60, en pleno movimiento contracultural, en los Estados Unidos surgió la figura del *long hunter* ('cazador solitario'). Este personaje se inspira en los tramperos que recorrían las inmensas y salvajes tierras de Norteamérica, capaces de sobrevivir completamente solos y de adaptarse a casi todas las condiciones de vida, pero caracterizados, sobre todo, por vivir en completa armonía con su entorno y con todas las criaturas que lo habitan, tanto humanas como animales. El *long hunter* era a la vez cazador, recolector, pescador, trampero y explorador. Comerciaba con todo el mundo y se adaptaba a cada tribu sin hacerse enemigos. Un profesional autónomo adelantado a su tiempo, especializado en la supervivencia en el corazón de los grandes espacios. Esta figura evoca también el famoso mito estadounidense de la "frontera" y el espíritu de exploración y conquista que conlleva. Se trata, sin embargo, de una conquista pacífica y armoniosa, a años luz de la que llevaron a cabo la mayoría de los norteamericanos durante la conquista del Oeste. No es casualidad que las personas que crearon las herramientas digitales que todos usamos hoy en día se inspiraran en la figura de este cazador solitario. También estaban impulsadas por esta idea de la autonomía creativa y de la independencia frente a la administración y el poder en general. Hoy podemos inspirarnos en ese mismo espíritu, tanto más cuando tenemos a nuestro alcance todas las herramientas necesarias para permitírnoslo. Crucemos juntos esta nueva frontera personal y colectiva, partamos a la conquista de nuestro territorio creativo. Conservemos intacta nuestra capacidad para desarrollarnos, para aprender, para progresar y, en definitiva, para adaptarnos. Si lo hacemos, nuestra sociedad también mejorará y avanzará con nosotros, necesariamente.

Preservemos del mismo modo el sentimiento que constituye la mejor defensa contra el miedo: el amor. El amor de los demás como espejo de uno mismo, el amor al propio trabajo y el amor por las ideas. Créeme, cuentas con todas las armas para alcanzar esta victoria, sobre ti mismo antes que sobre ninguna otra cosa.

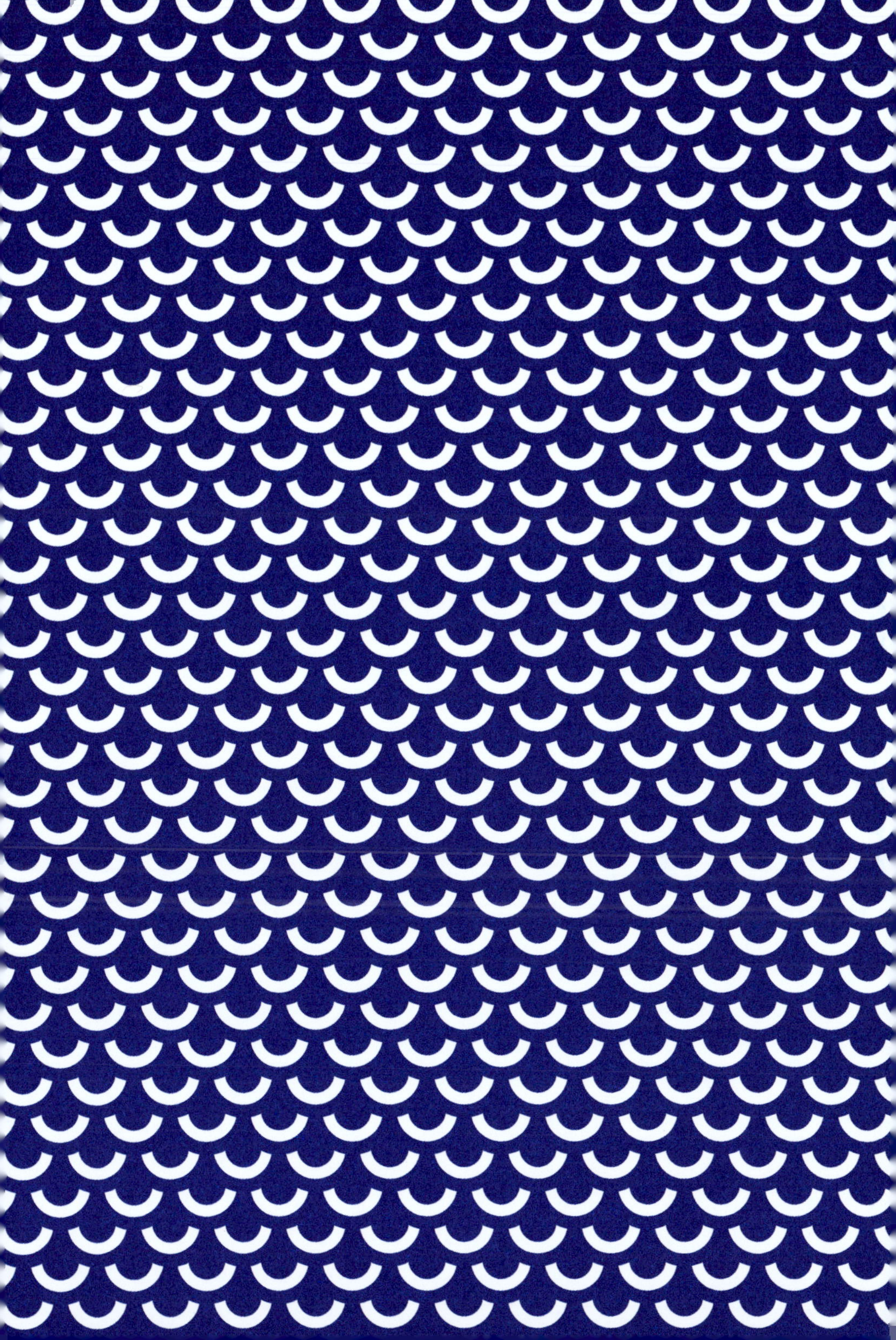

Di sí

> ## "Cuando empiezas a caminar,
> el camino aparece."
>
> • • • • • • • • • • • • • • • • •
>
> RUMI[2]

LA PARTIDA

La vía del creativo se abre ante nosotros en el instante en el que comprendemos la importancia de la palabra "sí". Esa es la base del funcionamiento creativo. Implica una actitud que descarta todo cinismo y es el primer paso para derribar nuestra resistencia al momento presente. Como decía David Lynch: "La negatividad es la enemiga de la creatividad". Se trata de un sí lleno de elasticidad, que acepta lo que es y a quien lo hace suyo. Conlleva una apertura a todas las posibilidades, porque la creatividad no funciona jamás mediante la discriminación. Aunque nuestro pensamiento nos diga lo contrario, estamos naturalmente constituidos para adoptar esta postura. Decir sí es asumir plenamente nuestra función de conexión tal como la describía Eames. Es ser agua antes que piedra. Porque nuestra propia esencia se basa en un sí universal al conjunto de las formas que constituyen este mundo. Es una manera, llena de humildad, de contemplar la riqueza de nuestro entorno y de comprender la capacidad que tienen los demás de convertirse en nuestros maestros. Con todo, no se trata de un sí de renuncia ni de resignación. Ser creativo es, por el contrario, abrazar completamente el cambio y la transformación que constituyen nuestra propia esencia.

APRENDE EL ARTE DE LA IMPROVISACIÓN

Decir sí es la regla de oro del teatro de improvisación. Cuando los actores se suben al escenario para interpretar, tienen que aceptar sin reservas lo que su compañero les propone. Solo así puede tener lugar la performance teatral y puede desarrollarse la historia. No se trata, no obstante, de un simple "sí". Es un "sí y...". Un sí que suma, que conduce unos cuantos pasos más lejos y permite construir y elaborar a partir de uno mismo. Los maestros de obra, los constructores de catedrales en la Edad Media, aplicaban también esta regla a su trabajo. Partían exactamente del punto en el que había dejado la obra su antecesor, sin tratar de modificarla y adaptándose a ella para emprender la fase siguiente. Eso suponía un "sí" con respecto a lo que ya existía. Puedes aplicarte esta regla a ti mismo, a tu actitud para con tu entorno físico y humano. De esta manera, estarás preparado para afrontar tanto la fragilidad como otros aspectos del proceso creativo. En definitiva, comenzarás a aprender uno de sus elementos esenciales: el placer de dejarse sorprender.

PIXAR

El *braintrust* es un órgano esencial del funcionamiento de los estudios Pixar.

Se trata de una reunión formal en la que los realizadores de la empresa examinan el conjunto de los proyectos en curso, sea cual sea el punto hasta el que estos hayan avanzado. Como indica su nombre en inglés, el *braintrust* implica a un tiempo un ejercicio de competencia profesional (*brain*) y confianza recíproca (*trust*). Como tal, el *braintrust* no posee ninguna autoridad en sí mismo. Una de sus reglas principales es la de reemplazar la noción de honestidad por la de candor. Un candor que contiene esta idea de sorpresa, pero sobre todo de aceptación primera, de la que hemos hablado antes. Los directivos de Pixar supieron comprender que era casi imposible neutralizar el miedo que suele acompañar a esa clase de reuniones. Los autores están tan implicados con sus creaciones, lo que está en juego es tan importante, que muchas veces la presión es demasiado alta. Por eso, adoptaron como primer principio que lo que se cuestiona es siempre la película y no al realizador en sí mismo. Se dieron cuenta, sobre todo, de que, al intentar resolver de manera sencilla y benevolente los problemas que otros artistas se estaban encontrando, a menudo aceptaban afrontar sus propios problemas, pero desde una mayor distancia. Eso era lo que les ayudaba a resolverlos.

LA KATA DE LA ACEPTACIÓN

Con el objetivo de trabajar esta noción de aceptación benevolente, puedes ejercitarte diciendo "sí y…". Escoge a una persona de tu entorno personal, académico o profesional (un cliente, un colega o un amigo) y diviértete respondiendo positivamente a cada una de sus demandas durante un tiempo determinado (un día, una semana, o incluso solo una hora para arrancar). Déjate conducir por sus propuestas, aprueba sus ideas, adóptalas y, sobre todo, intenta llevarlas un poco más lejos aportando algo tuyo. Como si fueras parte del *braintrust* de Pixar, introduce el candor y la benevolencia en tu vida cotidiana y en tu relación con los demás. Tras unos cuantos días de práctica, tómate un tiempo para examinar los resultados. Comprueba a dónde te ha llevado la práctica del "sí y…". Y, de nuevo, déjate sorprender…

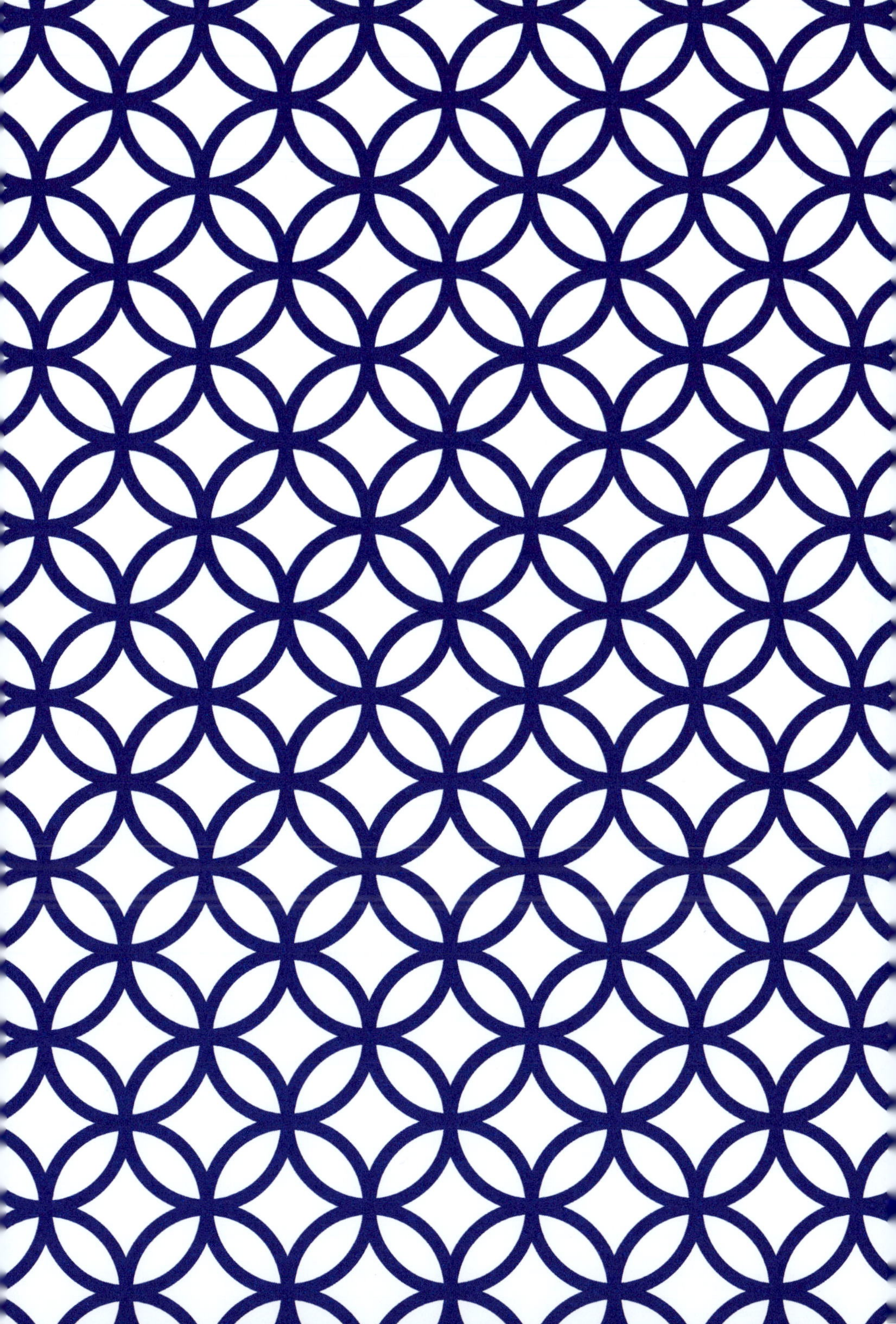

No eres lo que piensas

DEJA DE IDENTIFICARTE

Creemos estar constituidos de recuerdos, sensaciones, reflexiones y sentimientos. Un batiburrillo dispar y confuso, etiquetado, clasificado y jerarquizado según el arbitrio de cada cual, y que identificamos como nuestro "yo". Cada mañana, nuestra memoria se pone en marcha y nos recuerda, en un instante, sin que no demos cuenta siquiera, nuestro nombre, nuestra edad, nuestro sexo, nuestro peso y nuestra situación general en ese momento. Todo ello parece ser una construcción narrativa propia de cada uno de nosotros. Sin embargo, se trata en realidad de una limitación de lo que somos realmente. Esta construcción está en perpetua reescritura. La practicamos continuamente desde nuestra infancia y desde ese momento en que decidimos que somos un cuerpo y una mente separados del resto del mundo. Pero lo que somos va mucho más allá de esta actividad. En pocas palabras, podríamos decir que somos la conciencia en la que y por la que ese relato tiene lugar, en la que y por la que ese mundo se despliega. No es casualidad que el primer principio del *hagakure* sea estar siempre preparado para morir. No nos equivoquemos: no se trata necesariamente de una muerte física. Se trata, de hecho, de estar preparado para abandonar esta identificación reductora que a la que acabamos de aludir.

SÉ EL ESPEJO DEL MUNDO

En 1996, Jean Giraud, alias Moebius, impartió una interesante conferencia titulada "Pequeña guía para autores de cómic". Su primer consejo era el siguiente: "Cuando dibujes, lo primero que debes hacer es desembarazarte de sentimientos profundos tales como el odio, la alegría, la ambición, etc. Esos sentimientos no son más que prejuicios emocionales que bloquean literalmente la creatividad". Moebius expresaba así cómo tenemos que abandonar todos aquellos prejuicios que tenemos sobre nosotros mismos y sobre los demás. "Es algo esencial para un artista. Si quiere convertirse en un verdadero espejo de la sociedad y de la humanidad, debe contener, en tanto que espejo, la conciencia del universo entero; debe ser ese espejo que lo ve todo." Este consejo contiene, a su manera, el principio al que nos hemos referido antes: el sí a todas las cosas del mundo... Esta forma de contemplación profunda es parecida a la meditación. Una meditación que consiste, fundamentalmente, en aquello que somos.

JOHN, PAUL, GEORGE Y RINGO

El año 1967 supone un giro en la carrera de los Beatles.

El grupo toma la decisión de dejar de tocar en directo. Están agotados de tantas giras y de la presión de sus fans en todo el mundo. Al acabar el último concierto, George Harrison dice: "Se acabó. Ya no estoy obligado a seguir haciendo creer a la gente que soy un Beatle". Los miembros de la banda ya no se soportan entre ellos y deciden tomarse unas vacaciones. A su regreso, Paul tiene una idea. Con el fin de liberar a los músicos del peso de la fama y de su propio legado artístico, se le ocurre que los Beatles adopten la identidad de un grupo ficticio: la Sgt. Pepper's Lonely Hearts Club Band. Este cambio de identidad les permite componer y producir uno de los discos más innovadores y vanguardistas de la historia, que trasciende los límites de la música popular. Se da la circunstancia de que McCartney estaba en aquel momento muy implicado en la vanguardia artística londinense. Su cercanía a ese universo le inspiró sin duda para proponer ese artificio que permitió a los Beatles distanciarse de su identidad como grupo para abrir un nuevo campo abierto a la libre creación.

LA KATA DEL POLIMORFISMO

La próxima vez que te bloquees con una tarea o una entrega importante, imagina que eres otra persona. Escoge una persona conocida, a la que admires, o crea un personaje ficticio. Es interesante partir de personas que no tienen absolutamente nada que ver con lo que tienes que hacer. Por ejemplo, puede resultar muy enriquecedor imaginarte que eres Michael Jordan y que tienes que ejecutar ese encargo publicitario, o que eres Elon Musk y tienes que escribir ese artículo.

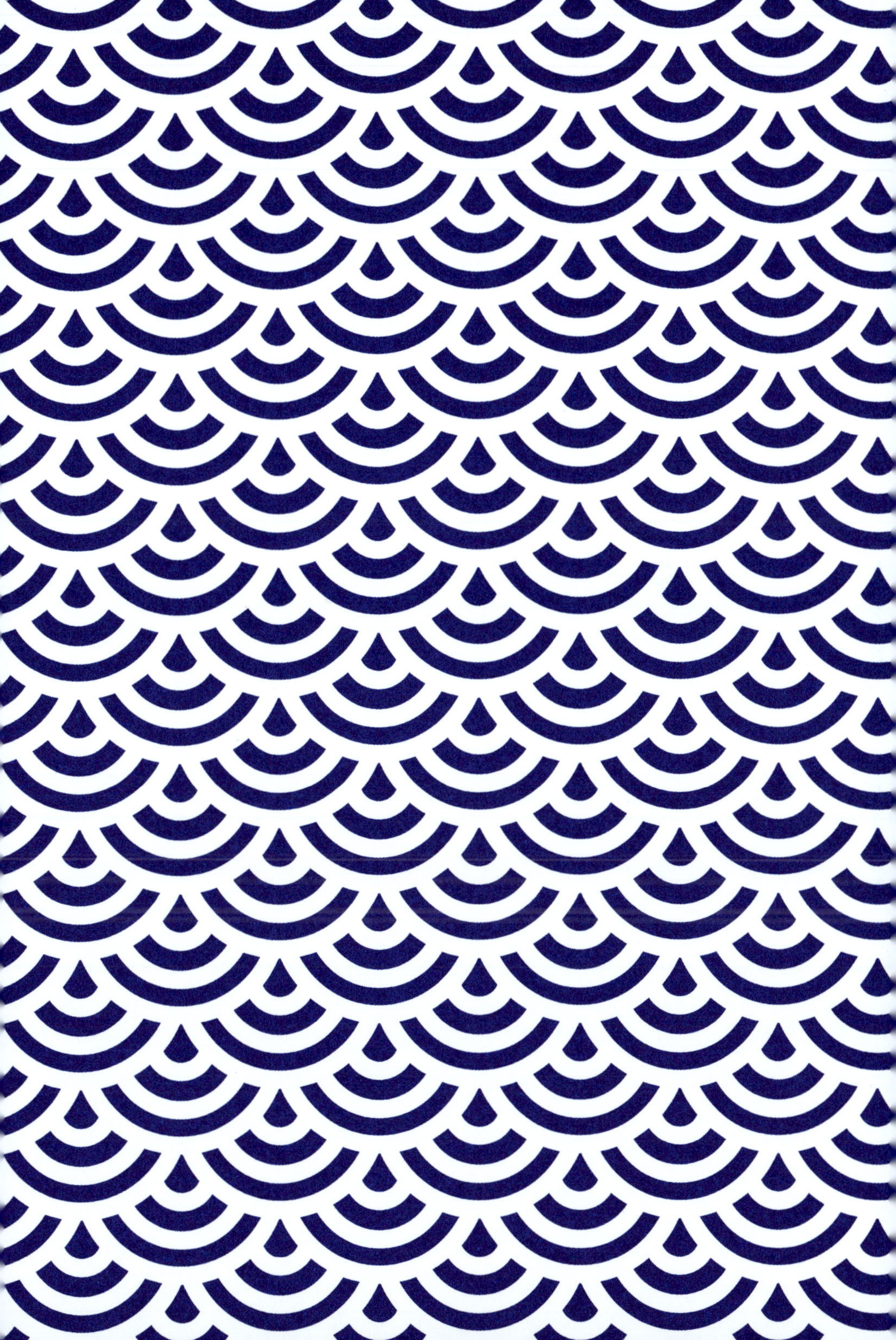

Elige tu mundo

"Crees ser una gota de agua en un océano y, en realidad, eres un océano en una gota de agua."

· · · · · · · · · · · · · · · · ·

RÛMÎ

INTERPRETACIÓN

Aquello que denominamos "realidad" es una noción que parte de la sugestión. Creemos que el mundo es exterior con respecto a nosotros. Por un lado estarían nuestro espíritu, que se desplegaría en el interior de nuestro cráneo, y nuestro propio cuerpo y, fuera ya de este envoltorio carnal, el mundo. Sin embargo, si examinamos bien nuestra experiencia, nos damos cuenta de que el mundo se despliega en el interior de nuestra conciencia. Por conciencia entendemos aquí el conocimiento de la experiencia al que llegamos a partir de nuestros sentidos, nuestros pensamientos y nuestros sentimientos. Dicho con otras palabras, la experiencia que tenemos del universo en su conjunto. No conocemos otra experiencia que no sea la que se despliega en un instante único: el momento presente. El pensamiento, al que atribuimos una gran parte de nuestra identidad, no hace sino establecer relaciones entre aquello que percibimos. Se comporta como un intérprete que acompaña a un explorador en un país extranjero. Ordena, comenta y valida aplicando siempre el criterio restrictivo de lo que es bueno o malo para nuestro ego (la construcción narrativa de nosotros mismos), añadiendo además la noción del tiempo. El pensamiento no se encuentra jamás en el momento presente, actúa bien como el comentarista de una percepción, de un sentimiento, de una sensación, de una imagen o de una idea ya sucedidas, o bien como el oráculo de una situación que se desarrollará hipotéticamente en un momento futuro. Incluso cuando los pensamientos se suceden a gran velocidad, no podemos tener más de uno a la vez. El pensamiento nunca tiene en cuenta nuestra experiencia en su globalidad. Impone una restricción sobre aquello que somos fundamentalmente.

PIENSA DE OTRA MANERA

Considerar el mundo como algo exterior a nosotros deriva de una visión propia de la mente. Podemos escoger adoptar ese punto de vista, pero también podemos, por el contrario, decidir conscientemente, ser, actuar y pensar como una conexión abierta e ilimitada. Incluso si no podemos tener una influencia completa sobre nuestra mente, sí podemos ayudarla a conformar este nuevo punto de vista sobre nuestro mundo. Los hindús consideran que el pensamiento es otro más de nuestros sentidos, ni más ni menos importante. Para ellos constituye, de hecho, el sexto sentido. A nosotros no se nos ocurriría jamás hacer semejante identificación y, sin embargo, es eso lo que hacemos todo el tiempo con el pensamiento. Tratar de canalizar ese flujo incesante sería totalmente inútil. En cambio, podemos dejar de usarlo para revestirnos la identidad. He ahí un salvavidas para nuestro genio creativo que nos permite realinearnos con nuestra verdadera naturaleza. Una naturaleza que hemos elegido ignorar, privilegiando una visión reducida de las cosas, con el fin de garantizarnos la supervivencia. La realidad es aquello que creamos nosotros mismos. Un mismo acontecimiento, un mismo objeto o una misma personalidad son percibidos de manera diferente por individuos diferentes.

VEMOS LAS COSAS A TRAVÉS DEL LENGUAJE

Existen numerosos estudios, entre los que destaca el de Roberson, Davidoff, Davies y Shapiro[3], que demuestran que existen diferencias notables en la percepción de los colores en función de cuál sea la lengua materna de los sujetos. Según estos investigadores, los colores se captan y se clasifican de maneras distintas según las culturas. Jacques Lacan tampoco nos contradiría: pensamientos y lenguaje están íntimamente ligados. Todo consiste, por lo tanto, en una cuestión de interpretación. Esto quiere decir que podemos elegir ver el mundo tal y como lo deseamos. Podemos decidir que se trata de algo totalmente separado de aquello que creemos ser, un cuerpo y una mente separados del resto; pero también podemos (y como creativos, debemos) percibirnos a nosotros mismos como una conexión, transparente y abierta con respecto a sí misma. Todos somos un campo de posibilidades infinitas en un proceso perpetuo de invención. Cada siete años se renueva totalmente el conjunto de las células que nos constituyen. Piensas en ti como un organismo estable y, sin embargo, el cuerpo que contemplas ahora en un espejo es diferente del que contemplabas tan solo hace unos minutos. En tanto que conciencia, somos creatividad pura. De cada cual depende decidir si su mundo rebosa carencias, frustraciones, dificultades y peligros o si, por el contrario, es rico en potencialidad infinita. El samurái creativo elige sin duda la segunda visión. Así es como Woody Allen admitía tratar de enfrentarse a la realidad lo menos posible: "Siempre he tenido la impresión de que el público solo puede encajar una dosis limitada de realismo. Por lo que a mí respecta, mi umbral de tolerancia es muy reducido. Me gusta habitar el mundo de Louis Armstrong, el de Ingmar Bergman o el del equipo de baloncesto de los New York Knicks. Uno es otro cada vez. Nos pasamos toda la vida buscando una puerta de salida. Al menos, yo. Y con verdadera asiduidad. Evito tanto como puedo la sobredosis de realidad. Mi combate se libra contra ella".

BOB DYLAN

Procedente de su Minnesota natal, Bob Dylan desembarca en Nueva York en el invierno de 1961.

Dylan vive en un mundo hecho de canciones folk. En su autobiografía, *Crónicas – Volumen 1*, publicada originalmente en 2004, afirma lo siguiente: "Yo exploraba el universo a través de las canciones folk [...]. Conocía bien su sustancia y podía hacer encajar las piezas con facilidad. Otros intérpretes buscaban transmitir algo sobre sí mismos, pero a mí eso no me interesaba, lo que yo quería era trasmitir la canción en sí". En 2015, la asociación MusicCares nombró a Bob Dylan personalidad del año. Durante la ceremonia de entrega del premio, Dylan pronunció un discurso que ilustra bien hasta qué punto ha sabido crearse su propio universo, y en el que confirma lo que escribía en sus memorias: "¿Qué es la música folk? Canciones que se pasan siempre de una generación a otra". Conocemos bien la influencia de Dylan sobre la música popular moderna en Estados Unidos. Es como si lo hubiera inventado todo. Él, sin embargo, piensa que para recoger sus canciones no ha tenido más que agacharse. Esas canciones le han dado la clave para comprender que todos compartimos el usufructo de cuanto nos rodea, sin que nadie posea su propiedad en exclusiva. "Todas estas canciones están conectadas. No nos engañemos. Todo lo que he hecho ha sido abrir otra puerta, de otra manera. Es diferente, diciendo lo mismo. No pensé que hiciera nada extraordinario. No hice más que tirar del hilo."

LA KATA DEL CREADOR UNIVERSAL

Teje el mundo con aquello que eres: músico, tu universo estará hecho de canciones y armonías; diseñador, todo tendrá forma de proyecto; pintor, todo será color; escritor, tu mundo será puro relato. No pierdas tu energía luchando contra el mundo exterior. Él es tú. Toma conciencia del modo en que constituyes tu universo. Observa qué cambios trae eso consigo.

Elige a
tus héroes

LOS MENTORES ILUMINAN TU CAMINO

La vía del creativo está jalonada de héroes. Desde tu más tierna infancia existen personajes, reales o ficticios, que te inspiran y te marcan. Individualidades que, sin que te des cuenta siquiera, te van mostrando ese camino. Son esas figuras las que hicieron que te entrasen ganas de coger una guitarra, de ponerte a dibujar, de cantar o de darle patadas a un balón. Tu liga de héroes la pueden componer integrantes de todos los dominios, desde un tío tuyo a un personaje de ficción o un gran jugador de tenis de nivel internacional. La propia naturaleza puede ser una fuente de héroes. Observa si no, por ejemplo, a una pareja de cuervos que, en mitad de una tormenta, vuelan a favor del viento. Se dejan llevar por la borrasca sin miedo, sin dejarse amedrentar por la adversidad, y jamás luchan. Su actitud frente a la vida es un modelo para cada uno de nosotros. Una gran parte del talento consiste en saber elegir a los mentores adecuados. Lo sepan ellos o no, son tu primer apoyo, el ejemplo que debes seguir, y suponen una de tus ventajas más poderosas.

"OSAR MAGNÍFICAMENTE"

En 1910, Theodore Roosevelt pronunció un discurso titulado "La ciudadanía en la república". En él señalaba a las personas que eran sus héroes: aquellas y aquellos que osan poner un pie en la arena pública, dejando atrás su vulnerabilidad y su ego y trascendiendo las nociones de éxito o fracaso: "El crédito pertenece al individuo que está realmente en la arena, cuyo rostro está manchado de polvo, de sudor y de sangre; que lucha con valor; que yerra y se queda corto una y otra vez". Es de ese vivero del que tienes que reclutar a tus héroes. Cuando Bob Dylan rinde homenaje a sus influencias, evoca las personalidades que siempre han poblado su universo: John Hammond, Lou Levy, Artie Mogull, Woodie Guthrie, Jimi Hendrix, Johnny Cash, Big Bill Broonzy o incluso Billy Lee Riley. Sean conocidos o desconocidos por el resto, son quienes han hecho que Dylan sea quien es. Él supo apoyarse en ellos y dejarse inspirar por ellos, y ha mantenido una postura de humildad y de aprendizaje, incluso en el momento de su carrera en el que estaba a la cabeza de todo. No se trata de adoptar una postura de idolatría ciega. Se trata de caminar con ellos, de comprender qué les ha influido a su vez, de apoyarse en el coraje del que han dado prueba y de saber apreciar los sacrificios que han hecho para convertirse en maestros de sus respectivos campos.

COPIA PARA IMPREGNARTE

Los estudios científicos han demostrado que la visión de un cuerpo en movimiento moviliza el cuerpo del propio espectador. Esto sucede gracias a las denominadas "neuronas espejo". Sucede lo mismo con las emociones o las actitudes. La corteza premotora del cerebro simula los movimientos sin efectuarlos[5]. Al comienzo de su carrera, el escritor estadounidense Hunter S. Thompson transcribió íntegramente en su máquina de escribir las novelas *El Gran Gatsby* de Francis Scott Fitzgerald y *Adiós a las armas* de Ernest Hemingway. Así, inscribió instintivamente en su alma el gesto literario de esos autores.
Se trata, asimismo, de regresar a la fuente, de comprender quiénes fueron los héroes de tus héroes. Irás descubriendo que todos han vivido las mismas experiencias que tú, que han tenido que combatir y aniquilar los mismos demonios. Ellos te acompañarán, pero recorrer el camino te corresponde solo a ti. Como señala Kenzo Awa[6],

el alumno entrevé la maestría del maestro, pero es solo la presencia del maestro la que permite al alumno alcanzar la verdadera comprensión. Cuando era niño, el gran jugador de rugby británico Jonny Wilkinson solía ver en bucle un vídeo de Gavin Hastings ejecutando un pateo perfecto. El joven discípulo pasó horas imitando ese tiro en el jardín de casa. Michael Bierut, diseñador gráfico y socio de la agencia Pentagram, habla así de su maestro Massimo Vignelli: "Me pegaba a él como un parásito y succionaba cada gota de conocimiento y de inspiración que podía". Cuando era estudiante, Stefan Sagmeister estaba fascinado con el trabajo del estadounidense Tibor Kalman, al que convirtió en su guía. Kalman inspiró sus convicciones y su relación con el mercado y el dinero, así como su posicionamiento como diseñador gráfico en la sociedad. Sagmeister imita el conjunto del proceso de Kalman, desde el presupuesto a la facturación.

PEP GUARDIOLA

Pep Guardiola fue un gran centrocampista del Fútbol Club Barcelona.

Terminó su carrera como futbolista en 2006, en un modesto equipo mexicano, el Dorados de Sinaloa, donde pudo reunirse con un entrenador amigo suyo, Juan Manuel Lillo. Durante su etapa en México apenas jugó, pero Lillo tenía lo que Guardiola iba buscando: una filosofía de juego. Guardiola quería convertirse en entrenador y tenía una idea precisa de lo que debía hacer para lograrlo. Además de su formación teórica, sostuvo una larga serie de entrevistas y encuentros por todo el mundo con sus héroes, los entrenadores que, para él, han tenido el coraje de privilegiar la inteligencia y el estilo en su visión del juego. Tras su experiencia en México, completó su formación en la Ciudad del Fútbol, la academia futbolística del Real Madrid. Tenía sed de conocimiento y de debate. Sus héroes eran casi todos argentinos, y fue a visitarlos uno a uno: Ángel Cappa, Ricardo la Volpe, Marcelo Bielsa y César Luis Menotti, pero también el holandés Louis Van Gaal. Sentía necesidad de confrontar sus ideas, de entender cómo funcionaban, de impregnarse de su manera de trabajar. Este método hace de Guardiola una figura excepcional. Así fue integrando en su propia metodología como entrenador todos estos conocimientos, estas diferentes miradas y experiencias, para lograr hacer algo único.

LA KATA DEL MENTOR

Escoge a tus héroes. Reconócelos como tales. Como recomienda hacer a sus alumnos la diseñadora gráfica Jessica Helfland, imprégnate de su trabajo. Cópialo, toma prestada su voz e intégrala deliberadamente en tu propia práctica. Trata de leer sus entrevistas, su biografía, conócelos en persona si tienes ocasión. Descubre quiénes son a su vez sus propios héroes y haz el mismo trabajo de exploración. Tira del hilo hasta el origen y comienza a tejer con el tuyo.

Conviértete en un *pro*

APARCA EL AMATEURISMO

Ya no eres un aficionado. Tal vez todavía no te paguen por lo que produces, pero es aquí y ahora donde y cuando tienes que decidir entrar en el mundo de los profesionales. Desde hoy, adecua tu comportamiento a esta decisión. Este instante marca tu entrada en un nuevo mundo, a un tiempo simbólico, concreto, físico e intelectual. El periodista Samuel Blumenfeld evocaba en estos términos a Woody Allen: "Cuando trabajaba para la televisión, a finales de los años 50, la cualidad tan pedestre de ese trabajo de escritura le marcó mucho. Tenía que madrugar, desayunar a toda velocidad y tener listas sus páginas al final de la jornada. La idea de la inspiración parecía completamente fuera de lugar".[7] La búsqueda de la inspiración es el espejismo que confunde al amateur en el desierto de su práctica carente de fundamento. Por el contrario, el profesional se sienta en la mesa de trabajo, frente al caballete o al piano, se calza los crampones y produce una palabra tras otra, una nota tras otra o un boceto tras otro. Ya has escogido a tus héroes, ya conoces sus enseñanzas, ¡ahora pasa a la acción e imítalos sin rubor! Sigue sus pasos, ya no es hora de hacer preguntas. Como explica el maestro zen Shunryu Suzuki, la postura no es un medio para obtener un estado de ánimo adecuado: adoptar la postura ya es tener el estado de ánimo adecuado. Es precisamente eso lo que describe el pintor Gérard Fromanger cuando recuerda al poeta Jacques Prévert: "Era un poeta continuo". Prévert respiraba poesía desde el amanecer al anochecer, y Fromanger le agradece su inspiración: "Me enseñó lo que debe ser la vida de un artista".

ORDENA TU HABITACIÓN

Roger Federer es todavía un adolescente. Ya juega muy bien y participa en numerosas competiciones, pero no las gana. Tiene un carácter sombrío e irritable. Cuando está en la pista se enerva enseguida, ya sea consigo mismo, con su rival, con el árbitro o con el viento que se acaba de levantar. Un día sufre la enésima derrota que colma el vaso. Se enfurece. Ha vuelto a perder los estribos tras un punto, ha vuelto a romper la raqueta al lanzarla contra la tierra batida. Sin embargo, esta vez cambia su visión de sí mismo. Ya en el vestuario, con la cabeza baja y cubierta por una toalla, decide cambiar el chip. Se hace una promesa: no volver a cabrearse así ni dentro ni fuera de la pista. Recoge sus cosas y las mete y ordena meticulosamente en la mochila, vuelve a casa y, una vez allí, ordena su habitación. No volverá a ser el mismo. Se ha convertido en un profesional. Como Federer, adecua tu comportamiento a esta actitud. Constrúyete una ética profesional. Ya lo decía Jonny Wilkinson: "La mayoría de los jugadores son todo lo buenos que deciden ser. Decídelo tú y sé el cambio que quieres ver".

ACOMPÁSATE CON TU AMBICIÓN

Pon en práctica todo aquello que crees que los profesionales ponen en práctica. Haz una lista con las competencias que crees necesarias. La idea es poner tu talento a la altura de tus ambiciones. No te dejes impresionar por la magnitud de la tarea, las cosas irán encajando de manera natural desde el momento en que adoptes la actitud adecuada. Analiza las fortalezas y debilidades de tus héroes. Lo que determinará la diferencia con respecto a los demás es el tiempo que inviertas en aquellos campos que te atraen. Opera por afinidades. La diseñadora gráfica neoyorquina Jessica Walsh se jacta de no poseer ningún *hobby*. Su *hobby* es su práctica profesional. Todo lo que emprende procede de ella y la alimenta. Como dice el actor Will Smith: "A riesgo de parecer presuntuoso, siempre he creído en mí mismo, en mi capacidad para convertirme en aquello que quería ser. Después de todo, es una cuestión de tiempo y de voluntad, nada más. Después de mucho tiempo, ahora sé que la mayoría de la gente es muy perezosa en absolutamente todos los ámbitos. [...] Sea cual sea tu tema, dedícale seis horas al día y empezarás a sentir muy pronto los resultados por comparación con tus congéneres".[9] Adoptar la actitud de un verdadero profesional constituye el primer paso para implantar tu propia metodología. Si no eres tú el primero que profesa un inmenso respeto por lo que haces, nadie más lo hará. La autodisciplina forma parte de esa actitud de respeto para contigo mismo.

LLUEVA O TRUENE

Olvida la idea de que la remuneración es lo único que determina la diferencia entre un profesional y un amateur. Ponte en la piel de un corredor de maratón, ya no estás en la línea de salida, estás en la carrera. Sigue el ejemplo de Stephen King, quien, sean cuales sean las circunstancias, se sienta cada mañana en su mesa de trabajo y escribe sus 2000 palabras diarias. King escribe todos los días o, de lo contrario, como él mismo dice, sus personajes pierden frescura y terminan por secarse. De nuevo, se trata de una cuestión de ética. Se trata de no traicionarse, de no hacerse trampas. Como remarca el escritor estadounidense Steven Pressfield, lo que diferencia a un amateur de un profesional son sus hábitos. Es imposible liberarse por completo de los hábitos, pero sí se pueden cambiar los malos por otros buenos. Charles Eames lo expresaba así: "Life is work is life is work" ['Vida es trabajo es vida es trabajo'].

HARUKI MURAKAMI

El escritor japonés Haruki Murakami está habituado a las rupturas profesionales.

La primera tiene lugar cuando, con 20 años, decide dejar su trabajo como asalariado para regentar un bar de jazz. La segunda se produce mientras ve un partido de béisbol. Estando en la grada, se ve sacudido por una idea repentina: "¿Y si escribo una novela?". Esta sencilla ocurrencia va a entrañar una modificación profunda de su actitud y de su conducta. Se pone en marcha para convertirse en escritor. Igual que cuando abrió el bar, decidió dejar de fumar y de beber. Le parecía esencial adoptar una higiene vital absoluta para no acabar destruyéndose tras la barra del establecimiento. Y, cuando decidió abrazar la profesión literaria, tuvo una serie de intuiciones parecidas. Murakami es organizado y metódico. Su primer gesto es hacerse con las herramientas profesionales que considera las propias de la escritura: una resma de papel y una estilográfica. Una vez satisfechas estas condiciones materiales básicas, se pone a trabajar. Pero muy pronto se da cuenta de que no sabe muy bien cómo hacerlo. Nuevo acto de profesionalización: abandona la postura ligada a la escritura manual y adquiere una vieja máquina de escribir Olivetti, con un teclado en inglés. Mecido por la prosa de los escritores estadounidenses, decide escribir su novela en inglés. Va descubriendo su estilo a medida que avanza y se traduce a sí mismo al japonés, usando de nuevo pluma y papel. Es así como adopta temporalmente aquello que él asociaba como la lengua, la herramienta y la actitud del escritor profesional, con el objetivo de vencer sus bloqueos, adquirir la distancia necesaria y desplegar su propia voz. Murakami es un corredor de fondo. De hecho, corre cada día una media de 10 kilómetros y participa a menudo en maratones. Su práctica deportiva es un espejo de su práctica literaria, y ha llevado la analogía hasta el punto de escribir un ensayo titulado *De qué hablo cuando hablo de correr*. En esta obra nos muestra que, como sucede con el atletismo, la escritura es una prueba diaria, en la que, a pesar del entrenamiento y del hábito, las cosas salen con dificultad, pero también con humildad y con respeto por la propia tarea que hay que realizar: "El dolor es inevitable. Pero el sufrimiento es opcional". Murakami siempre ha elegido ser un profesional.

LA KATA DEL PROFESIONAL

Designa este día, oficialmente, como el primero de tu carrera. Desde ahora eres un auténtico *pro*, así que organiza tu jornada en consecuencia. No empieces a buscar excusas…

Explora tu día a día

> “Estamos hechos de la misma materia
> de los sueños y nuestra breve vida
> cierra su círculo con otro sueño.”

MEDITACIÓN

No somos la montaña, sino el valle que se sitúa entre las dos vertientes. Somos ese espacio vacío, abierto, que autoriza todas las apariciones. Consideremos la meditación no como una actividad, sino como ser aquello que somos. Emprender la vía del creativo es ser la mirada y dejar de ser el sujeto que mira. El mundo se inventa perpetuamente al entrar en contacto con nosotros. Se crea y se transforma a cada instante. Mirémoslo danzar ante nosotros, dentro de nosotros. Demos un paso al lado y adoptemos la actitud de un espectador, sin intención de tomar ningún objeto, sea el que sea. Seamos solo esta observación. La exploración comienza por nosotros mismos. Volvamos nuestra atención sobre nuestros pensamientos. Contemplemos aquellos que nos arrastran hacia el pasado y aquellos que nos conducen hacia un futuro hipotético. Separémonos de nuestros condicionamientos, adoptemos una mirada nueva y, como si fuéramos un científico llevando a cabo un experimento, observémonos como un sujeto en el momento de abordar un nuevo proyecto, una nueva tarea. ¿Qué sensación predomina? ¿Es miedo, excitación, alegría? Contemplemos cómo afloran nuestras resistencias, cómo se interponen en el camino y cómo crecen. Escuchemos y repudiemos esa voz que se hace oír, que critica, previene o trata de influir. Esa voz que, sistemáticamente, trata de extirparnos del momento presente.

PRACTICA LA OBSERVACIÓN

La creación es un arte de la observación, una práctica de la atención.
Conviértete en etnólogo, ornitólogo, geógrafo, sociólogo o herbo-
rista. Como dice Michael Bierut: "Si algo tiene de grande el diseño
gráfico es que casi siempre trata de otra cosa diferente [...]. Cuanto
más interesado estés en cosas diferentes, mejor será tu trabajo".
Eso que es cierto para el diseño gráfico lo es también para todo lo
que atañe a la creatividad. Cuando tengas algunos minutos muer-
tos, en lugar de sacar el móvil, párate a observar a la gente. Las salas
de espera o las colas de los supermercados son lugares excelentes
para la observación. Analiza y trata de reconstruir los relatos que se
desarrollan a tu alrededor. Cualquier objeto puede prestarse a ese
pequeño juego: las personas, desde luego, pero también los animales,
los árboles o incluso el mobiliario urbano. Utiliza todos tus sentidos.
Contempla el mundo como si lo hubieras escrito, pintado o diseñado
tú. Conviértete en un reportero de tu vida cotidiana, anota en un
diario todas tus revelaciones y descubrimientos en el formato que
te resulte más cómodo. Como dice el modisto Paul Smith: "Puedes
encontrar la inspiración en cualquier parte. Si no la encuentras, es que
no estás mirando bien".

LOS COLECCIONISTAS

Escoge el medio que te guste más. Puede ser la fotografía, el dibujo,
la escritura o incluso la voz. Las herramientas digitales de hoy en día
son fantásticas, nos permiten registrar, catalogar y archivar todo lo
que queramos. Es esencial que tengas una libreta, un clasificador
(poco importa que sea en formato físico o digital) que te permita
coleccionar tus ideas, tus comentarios y tus imágenes. El cartelista
Michal Batory, por ejemplo, es un coleccionista empedernido y su
taller es un batiburrillo de juguetes viejos, chapas de botellas de
cerveza, tejidos, bolsas y maletas. Por su parte, el director artístico

Jean-Baptiste Talbourdet-Napoleone cuenta una curiosa anécdota que a su vez le remitió Éric Pillaut, su cómplice en *M le magazine du Monde* (suplemento mensual de *Le Monde*). Pillaut trabajaba en un proyecto con Peter Saville cuando se dio cuenta de que el famoso diseñador británico también era un coleccionista compulsivo. Las estanterías de su casa están atestadas de multitud de objetos aleatorios y allí conserva, probablemente durante años, el más insignificante papelito o envoltorio de chicle, *post-it* o foto. Pillaut cuenta que un día, cuando Saville estaba dando un paseo por un parque en Inglaterra, se encontró en el suelo una hoja seca y se la metió en el bolsillo para llevársela a casa. Esta hoja es la que aparecería fotografiada tiempo después en la portada del álbum *True Faith* de New Order.[10]

No estamos obligados, ya no, a llegar tan lejos como David Lynch, que en cierta época se dedicó a coleccionar los chicles masticados por las personas de su entorno para fotografiarlos. Procede de la manera que te resulte más cómoda, ya sea ordenada o caótica. Anota y registra todo aquello que se te pase por la cabeza o que te interpele. Porque, no te confíes, las ideas se van y jamás regresan. Te sorprenderás al encontrarte, fascinado, una frase apuntada, un boceto ya olvidado o un principio de canción grabado en una vieja casete. Es un poco como si fueras encontrando los guijarros blancos con que habías ido sembrando el camino de la creación. "Los bolsillos de Woody Allen, como sus cajones, siempre están llenos de pequeños papelitos en los que anota fragmentos de diálogo, comentarios sin fundamento o, incluso, ideas para una historia. Cuando, más tarde, relee estas notas, suele sentirse incómodo. E inquieto por lo que respecta al estado de su cerebro. ¿En qué estaba pensando para interesarse por un detalle tan insignificante? ¿Es fiable su juicio si es capaz a detenerse en una frase tan mal formulada? Pero, otras veces, se muestra sorprendido de su instinto, como en el caso de un arranque de guion garabateado sobre la hoja de un bloc: "Un hombre se divorcia. Luego se tira por la ventana".[11]

DIARIO ÍNTIMO

Lleva un diario. Haz el esfuerzo de recoger, al final de cada jornada, los detalles de tu vida. Es una manera de coger perspectiva, de distanciarnos de aquello que creemos ser. Pero es también una manera distinta de apropiarse de las cosas. Es una construcción a cielo abierto en la que alojar tus convicciones. No te desanimes si no te sientes capaz de ser constante. Llegará un punto, sin duda, en el que lo abandones, pero podrás retomarlo cuando lo estimes oportuno. Al principio se trata de lograr escribir unas pocas líneas, pero luego, poco a poco, el hábito se establece y cada vez te será más fácil rellenarlo y cumplir con la tarea. Se trata de una herramienta fantástica para tomar control sobre el relato personal. El diario puede tomar nuevas formas cada vez, sea la que sea. Como hace Jessica Helmand, que posee múltiples libretas: una para sus clientes, otra para bocetos de pintura, otra de *collages* y otra de viajes. Hasta comparte una con todo el equipo de colaboradores de su estudio.

ALASTAIR HUMPHREYS

Alastair Humphreys es un explorador británico.

Su primera expedición consistió en dar la vuelta al mundo en bicicleta durante cuatro años. A pesar de la intrepidez de la que es capaz, Humphreys nos enseña que el mayor desafío al que se ha enfrentado jamás no ha sido emprender sus muchas expediciones, sino el de cambiar su propia naturaleza profunda. Explica cómo el modelo tradicional del explorador moderno consiste en partir en pos de una odisea llena de heroísmo, de peligros y peripecias, para luego regresar y contársela a un público fascinado por unas aventuras que no podrá vivir. Humphreys quiso acabar con esta postura elitista de la figura del explorador. Se dio cuenta de que a todo el mundo le gustan las aventuras, incluso a los menos aventureros de entre nosotros. En consecuencia, acuñó el concepto de "microaventuras". Se trata de hazañas deliberadamente nimias y banales, cuya financiación no requiere de grandes fondos y que pueden llevarse a cabo en el entorno de cada uno de nosotros: "Puedes salir de tu trabajo a las cinco de la tarde, coger un tren, salir de la ciudad, dormir al raso bajo las estrellas, en lo alto de una colina, coger el mismo tren la mañana siguiente y estar en tu puesto de trabajo a las nueve. Durante ese corto espacio de tiempo, habrás vivido una aventura con todas las letras: habrás estado en contacto con la naturaleza, habrás hecho algo que no habías hecho nunca y te habrás superado a ti mismo".[12]

LA KATA DEL EXPLORADOR

Si fueras un extraterrestre que acabara de aterrizar en la Tierra y se hubiera metido en la piel de uno de sus habitantes, ¿cómo percibirías el entorno? Conviértete en un explorador de lo cotidiano: presta atención al suelo que tienes bajo los pies; cuando todos vayan con prisa a tu alrededor, detente para observarlos; imagina que son las cosas las que te miran, y no al revés...

¿Y si hacemos como Paul Smith?

LO DIVINO ESTÁ EN EL DETALLE

Paul Smith dice de sí mismo que es un creador de prendas. A ese respecto, confiesa que durante muchos años ha tenido un problema con la palabra "creador". Le faltaba, para merecer tal etiqueta, la validación subjetiva o superior de títulos o diplomas académicos. Smith es autodidacta. Abandonó el colegio a los 15 años y se puso a trabajar de vendedor en una *boutique*. Fue allí donde adquirió las siguientes cualidades: honestidad, entusiasmo y gestualidad. En eso es un experto. Deambula con frecuencia por las calles del rastro de Portobello, adivinando la antigüedad de toda clase de atavíos basándose en el número de ojales, la forma del cuello o la hechura del forro. Paul Smith brinda originalidad a sus prendas enriqueciendo y subrayando los detalles, ya sea un motivo, el color de una costura o el de un cordón. No le interesa la ostentación. Marca sus creaciones de una manera casi subliminal. Cuando comenzó, no tenía medios para comprar otra cosa que no fuera tela blanca o a rayas grises. "¿Por qué iban a comprarme una camisa a mí? Hay miles de camisas blancas en el mercado." Es así como tuvo la idea de cambiar alguno de sus detalles, los botones, por ejemplo, permitiendo a quien la vistiera sentirse original sin sentirse ridículo. Paul Smith no sabe dibujar bien, transmite la información a través del diálogo. Cultiva además una actitud distante y una flema absolutamente británicas. Con todo, su rutina diaria es absolutamente inmutable.

UN DÍA DESPUÉS DE OTRO

Smith se levanta muy temprano, sale de casa antes de las seis de la mañana. Su jornada comienza siempre con una sesión de natación si está en Londres, o con un paseo en bicicleta por las calles desiertas si se encuentra de viaje por el extranjero. Cuando da una vuelta en bici por París, por ejemplo, se fija especialmente en los patrones y repeticiones visuales, en las filas de árboles, de farolas o de edificios. En esa clase de cosas, explica, en las que ya no reparamos cuando la vida ha tomado posesión de la ciudad. "Te das cuenta de que la mayoría de la gente está todavía en la cama, ¡imagínate lo que se pierden!" Su estudio parece, según se mire, un museo, un gabinete de curiosidades o una librería. Está atestado de objetos que ha traído consigo de sus viajes o que le han regalado, ahora que todo el mundo conoce sus gustos. Paul Smith es una esponja que se deja impregnar por todo lo que ve, sin necesidad de intentar atraparlo. Plasma todas sus notas en dorsos de sobres, de tickets de caja o de prospectos. Nada está organizado ni clasificado. Todo eso lo mete en folios tamaño A4, plegados y grapados.

Esta especie de sobres de la fortuna más adelante se colocan y se calzan entre dos tuberías que hay detrás de la puerta del estudio. Solo muy de vez en cuando vuelve a echar allí una mirada divertida, incluso circunspecta.

Paul Smith asegura no haber sufrido jamás delirios de grandeza. Su ambición era abrir una pequeña *boutique* y crear una pequeña colección. Todo lo ha ido haciendo poco a poco, con humildad y desapego. Nunca llegó a soñar con el éxito. "Lo que siempre he deseado es tener un buen día."

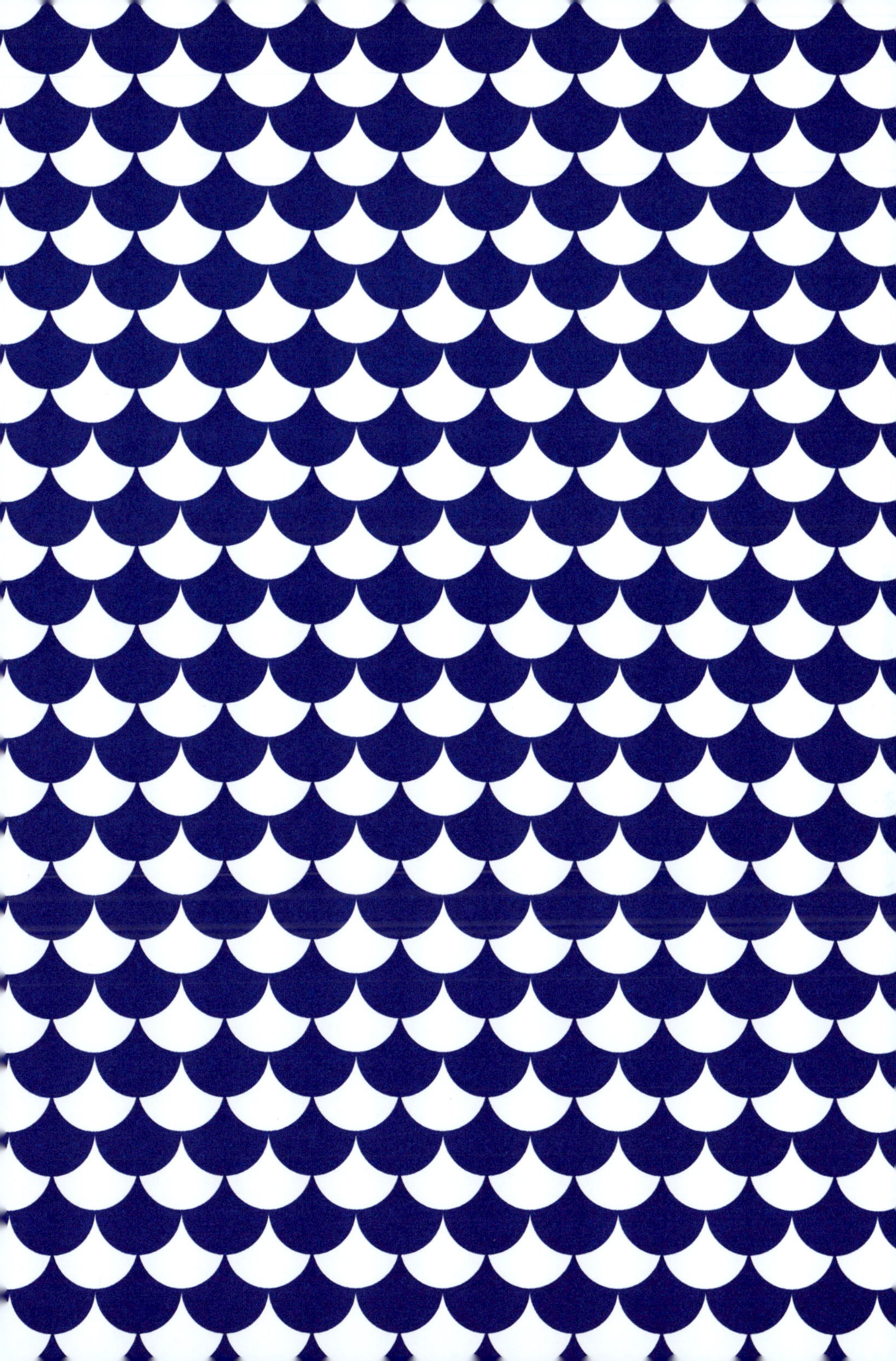

Conecta

LA INTELIGENCIA DISTRIBUIDA

Los seres humanos tenemos tres cerebros. El primero es el que se encuentra protegido por el cráneo y contiene casi 100 000 millones de neuronas. El segundo comienza a ser conocido: son nuestras vísceras, nuestros intestinos, que contienen 200 millones de neuronas. Esto, de algún modo, lo sabíamos ya, pues no en vano usamos expresiones como "haz caso a tus tripas". Nuestro tercer cerebro es menos conocido: nuestro corazón, que contiene casi 40 000 neuronas y se comunica con los otros dos, si bien cada uno posee su propia inteligencia. Es así como el conjunto de nuestro organismo funciona como una inteligencia distribuida y descentralizada. También nuestros sentidos son más independientes de lo que imaginamos. El tacto, por ejemplo, no es solo un emisor-receptor de información para el cerebro, sino que constituye una forma de inteligencia en sí mismo, capaz de analizar y de elaborar modelos en tres dimensiones. Fisiológica y biológicamente, nuestro cuerpo funciona como una conexión.

LOS EXPERTOS

Después de tomar la decisión de adoptar la actitud mental y la conducta de samuráis profesionales, nos toca dar otro paso: convertirnos en expertos. Tenemos que dejar de ser simples generalistas. "Especialización" rima con "profesionalización". El consultor canadiense

Blair Enns nos lo explica: especializarnos nos permitirá obtener una remuneración a la altura de nuestro talento, así como optimizar nuestra relación con nuestro empleador o nuestro cliente.[14] El escritor estadounidense Steven Pressfield nos anima a abandonar nuestras "carreras fantasma", esas actividades que se acercan a aquello que quisieras hacer pero que no son sino sucedáneos. Hay que consagrar cada minuto de nuestra existencia a nuestra consolidación como expertos. Y para descubrir nuestro talento, tenemos que escuchar a nuestro tercer cerebro: nuestro corazón.

Nuestras elecciones no pueden venir dictadas únicamente por las oportunidades del mercado. Debemos decidir en qué campo especializarnos y hacerlo por amor. Como dice Milton Glasser, en tono ligeramente provocador: "Si tienes elección, no tengas un trabajo". Eso implica distanciarse de la noción de trabajo como tarea pesada. Para eso debemos dejarnos guiar por nuestra inteligencia. Se trata de un proceso natural, fácil y casi instintivo, que lleva el tiempo que queramos asignarle. Pero ese tiempo ha de desarrollarse dentro de la acción. Hace falta actuar, hacer, para saber de verdad qué es lo que uno quiere hacer.

Somos una conexión, nuestro instinto natural nos empuja a establecer relaciones. Así es como se constituyen nuestras redes. Acuérdate del ejemplo del *long hunter*, del que hablábamos al principio del libro, de esos tramperos que vivían en armonía con su entorno y con todas las criaturas vivientes que lo poblaban: cómplices, colegas, animales, nativos americanos. Ser creativo es comprender que tu actividad está conectada con todo lo demás. "En lo íntimo late lo universal", decía James Joyce. Somos los únicos que podemos tejer nuevos vínculos entre nuestra historia y la de los demás. La conciencia es algo universal, pero solo espera una cosa: que nosotros le ofrezcamos nuestra visión personal de sí misma. "Todo está relacionado", como decía Charles Eames. Estamos hechos de la misma materia que las estrellas. Nuestros pensamientos, nuestros sentimientos, nuestros estados de ánimo proceden de la misma fuente que las mareas, el viento o los océanos. Pongámonos al servicio de esa vibración cósmica.

JOHN HEGARTY

John Hegarty es uno de los más grandes publicistas contemporáneos.

Le debemos magníficas campañas, entre ellas algunas para la marca Levi's y, muy especialmente, el conocido anuncio de la "lavandería": un trabajo publicitario magnífico en el que un efebo hacía un *striptease* en una lavandería al son de "I Heard It through the Grapevine" de Marvin Gaye.[15] Hegarty es uno de los fundadores de la agencia londinense BBH. Para él, la creación no es una ocupación, sino una preocupación. Señala que el acto creativo es un gesto de apertura hacia los demás. Así, para él, la misión central de un director creativo es la de hacer de enlace entre el caos y el orden, entre los creativos y el aparato corporativo. El director creativo está ahí para derribar los muros internos de su agencia. Hegarty aconseja a los creativos publicitarios que lean un periódico de economía todas las semanas. Nos anima, de hecho, a aprender el idioma de nuestros clientes para que podamos distinguir los mismos colores que ellos.

LA KATA DEL VÍNCULO

A partir de hoy, concíbete a ti mismo como una conexión. Cuando trabajes en un proyecto, diviértete asociando elementos de tu *briefing* con cosas que no tengan nada que ver. Cuando te integres en una nueva organización o trabajes para ella, oblígate a explorar todos los oficios o especialidades que la componen, sobre todo aquellos que están en el origen de su fundación. La creatividad consiste en establecer relaciones. No preguntes qué pueden hacer por ti los demás, sino qué puedes hacer tú por los demás.

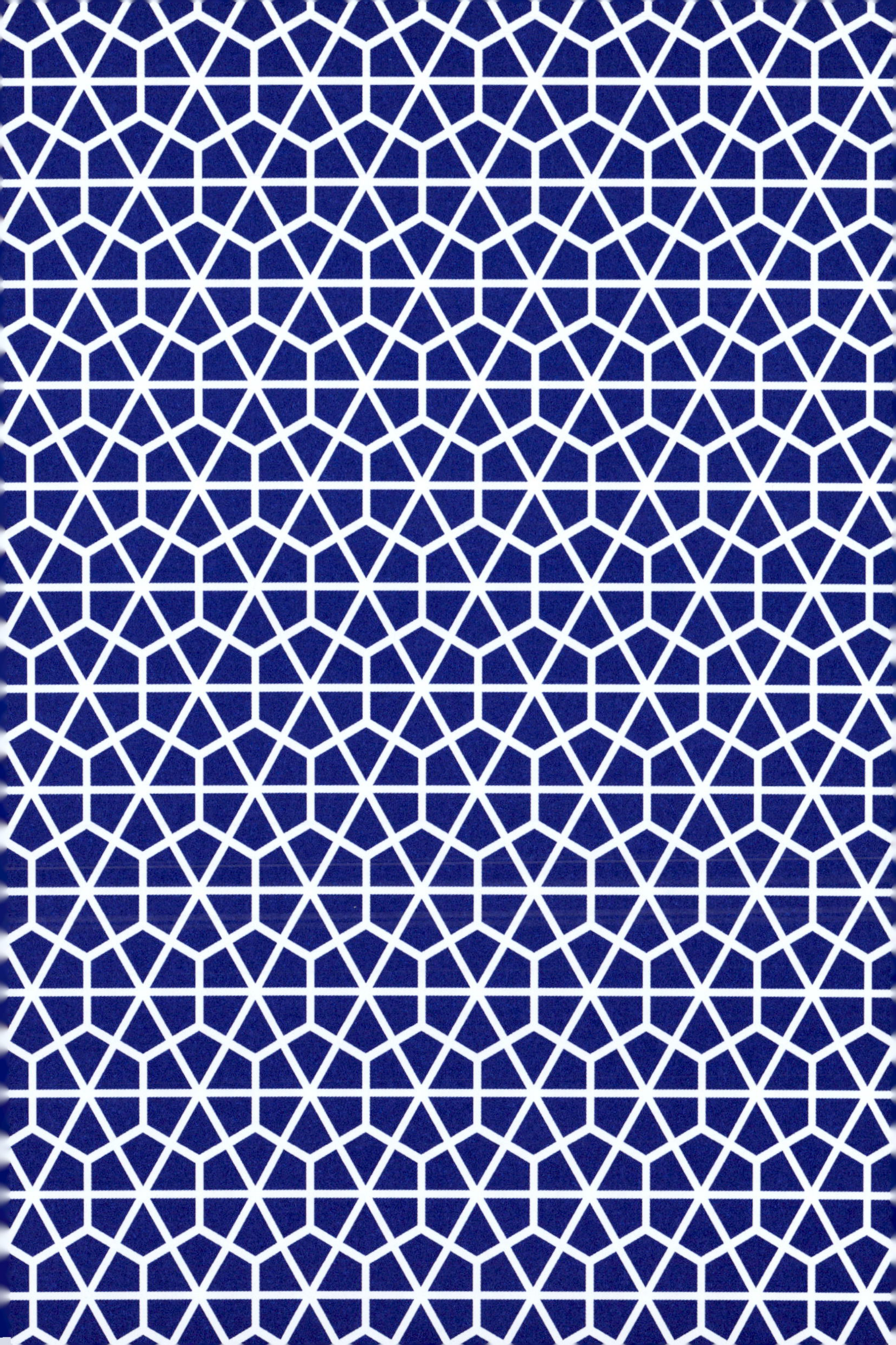

Derrota
a tu dragón

"Nuestros miedos más profundos son como dragones que guardan nuestro tesoro más preciado."

· · · · · · · · · · · · · · · · ·

RAINER MARIA RILKE

LA SOLA ACCIÓN

Ninguna persona, como tal, hace nada. No existe más que la "acción" o el "hacer" en sí mismo. Pero el pensamiento nos convence de lo contrario. El pensamiento personaliza la tarea, haciendo intervenir al ego, a tu construcción narrativa, eso que tú crees ser. Desde el momento en que tenemos una idea que llevar a la práctica, un trabajo que ejecutar o una misión que cumplir, nuestros pensamientos se ponen en marcha. A veces son reconfortantes y nos recuerdan que ya hemos hecho algo parecido antes, pero por lo general suelen adoptar un sesgo mucho más inquietante y destructivo: "Tú nunca has hecho eso", "No sabes lo suficiente sobre la materia", "El plazo es demasiado corto, no lo conseguirás", y así sucesivamente. Las formas que puede adoptar esta clase de reflexiones son interminables. Tu mente baila así un paso a dos entre el pasado y el futuro. Estos pensamientos no tienen, sin embargo, más que un solo objetivo: matar tu obra antes de que nazca, obligarte a dejar la tarea para mañana. Estas pequeñas voces se comportan como un pequeño cancerbero que guarda un preciado tesoro. Steven Pressfield, autor de *La leyenda de Bagger Vance* y *La guerra del arte*, ha puesto un nombre a ese dragón: la resistencia. Dicha resistencia es todo aquello que ponemos como excusa para no hacer lo que tenemos que hacer. Son esas pequeñas voces que se manifiestan cuando nos lanzamos a acometer una tarea que debería conducirnos a un nivel superior, la actividad de la que derivará nuestra felicidad. La resistencia se encuentra, por tanto, en todas esas sirenas cuyo canto nos incita a perseguir otra cosa en lugar de nuestra verdadera vocación: el alcohol, el porno, los videojuegos, las redes sociales... La lista es infinita, más aún en nuestra época, en la que la tecnología digital ha invadido nuestros bolsillos. El dragón es astuto, taimado y ágil. Se adapta a su entorno y despliega una energía a la altura del esfuerzo que tenemos hacer para lograr realizar nuestro trabajo. Es una manifestación de nuestro ego, que tiene miedo de morir, de desaparecer desplazado por nuestra verdadera naturaleza, abierta, transparente y creativa. Jack Kerouac lo describía admirablemente en sus *Diarios*: "Es como una enfermedad o casi como una locura. '¿Para que?' resuena entre las paredes de mi cráneo, mientras desafío todo lo que veo con este pensamiento de estafador. *Bon, bon*,[16] voy a apoderarme del hastío en el momento en el que él intenta apoderarse de mí y a retorcer su cuello escuálido".

UNA BRÚJULA

Son muchos los artistas que han hablado de su combate contra estos demonios. Muchos de ellos no les sobrevivieron (Van Gogh, Hemingway, Janis Joplin, etc.). Este conflicto es, de hecho, inevitable. Forma parte del trabajo, a jornada completa. Es imposible, es cierto, controlar esta clase de pensamientos. Lo único que podemos hacer es modificar nuestra mirada sobre ellos. Para el samurái creativo, estos miedos y estas resistencias constituyen una guía. Son las señales que indican que estás en la buena dirección. El creativo sabe obedecer a su corazón, pero sabe también prestar atención a sus miedos. Cuanto más importante sea a tus ojos aquello que te aguarda, más presente y poderosa será la angustia, la resistencia. En realidad, cuanto más miedo tengas, más seguro podrás estar de hallarte sobre la pista correcta. Hasta puede convertirse en un medio para saber elegir nuevos proyectos. Los que más te intimiden será aquellos que más te pueden ayudar a crecer, a saltar a un nuevo nivel. Nuestro dragón amenaza siempre cualquier voluntad de profundizar en las cosas. Se trata de un verdadero desafío al que debemos responder, bien descrito por la palabra alemana *Herausforderung*, literalmente "ser llamado a crecer de dentro hacia afuera".[17] Como explicaba el pianista y concertista James Rhodes al describir el momento en que tomó la decisión de seguir su vocación: "Solo cuando el dolor de no estar tocando se hizo mayor que el dolor imaginado de sí estar haciéndolo, tuve los cojones suficientes para dedicarme a lo que realmente quería, a lo que me había obsesionado desde los siete años: ser concertista de piano".[18]

UNA LUCHA A MUERTE

Si escoges la vía del creativo, puedes estar seguro de una cosa: el dragón estará esperándote cada mañana. ¿Qué hacer entonces? Jonny Wilkinson nos da el mejor consejo posible: "Imbúyete de espíritu guerrero. Envía a ese guerrero al fuego". Esa es la única solución, porque el dragón solo tiene una idea en la cabeza: destruirte, arrasar tus sueños, hacerte polvo. Sabrá fingirse cálido, amistoso y lisonjero; empleará buenas palabras; sabrá atacarte del modo adecuado y en el momento idóneo: "Hoy te mereces descansar un poco, trabajaste mucho ayer", te dirá. O "Sabes perfectamente lo que tienes que hacer, no hace falta que te pongas a ello ahora mismo, puedes empezar mañana tranquilamente". Pero también puede ponerse violento, mezquino y agresivo: "No has aprendido lo suficiente, no tienes talento suficiente, no eres lo suficientemente creativo ni brillante para este curro"; "Para qué presentarte, si seguro que cogen a otro"; "Nunca has tenido éxito en nada"... El dragón sabe disfrazarse. Es capaz de esgrimir todas las excusas, incluso la de que todavía tienes que trabajar más, investigar más, leer más. Durante sus periodos más productivos de escritura, Kerouac dedicaba a la lectura las horas del día menos preciosas, menos fecundas. Haz lo mismo. El momento de evaluación y corrección de tu trabajo es el de la edición, no el de su concepción.

LA HORA AZUL

Se trata de un combate cotidiano y las resistencias no se vencen
nunca de una vez por todas. Hay que partir hacia el frente cada
mañana. Por eso es importante estar en las mejores condiciones
para librar la batalla. Para empezar, hay que buscar el momento de
la jornada en el que nuestra mente ofrece menos resistencias. Lo
llamaremos nuestra "hora azul", esa hora en la que, en las llanuras de
Kentucky, en Estados Unidos, los músicos sacan sus instrumentos y se
reúnen con sus amigos. Para muchos creativos, este momento coin-
cide con las horas de la mañana. Por la tarde y por la noche, la fatiga
acumulada facilita la tarea del dragón. Pero si en tu caso te sientes
más vital y más ágil en las horas vespertinas o incluso nocturnas,
entonces aprovéchalas. El funcionamiento es el mismo. Sea lo que
sea lo que te traigas entre manos, debes comenzar por la tarea
que sientas como más importante para ti. La que más miedo te da,
aquella cuyo cometido siempre pareces más dispuesto a aplazar.

STEVEN PRESSFIELD

El escritor Steven Pressfield es uno de los que mejor ha sabido describir este combate entre el creador y sus demonios.

Sus libros son una auténtica mina de buenos consejos para llevar a buen puerto nuestra odisea. En ellos cuenta cómo, después de muchos años de perder contra su dragón, consiguió vencer esa resistencia por primera vez. Como James Rhodes, había llegado al punto en que el sufrimiento de no hacer había sobrepasado al de hacer. Ahorra lo suficiente para sobrevivir un año sin trabajar. Se va de Nueva York y se instala en un pequeño pueblo del norte de California. Todos los lunes, saca del cajero dinero suficiente para comer durante una semana. Durante un año, no habla con nadie. Su decisión es sencilla, pero extrema. Tiene un libro que escribir y, si no consigue llevar a cabo su propósito, será el fin de sus días. Nada de televisión, nada de radio, nada de sexo, nada de deportes, nada de periódicos. Pressfield se describe como Rocky Balboa durante su entrenamiento antes del combate contra Apollo Creed. Aprovecha las noches para leer todas las grandes novelas que un novelista debe haber leído. Sus periodos de trabajo solo se interrumpen cuando se queda sin dinero para seguir trabajando en su libro. Cuando eso sucede, encuentra un pequeño empleo, ahorra y vuelve a encerrarse. Un día llega el momento en que puede escribir la palabra "Fin" en la última página del manuscrito. Sabe que ha ganado la batalla. Que ha sido capaz de hacerlo. Para Pressfield, ese es el año que marca su entrada en el mundo como escritor profesional. Supo hacer lo necesario para afrontar su conflicto. Pero explica que el dragón no lo abandona jamás y que todas las mañanas tiene que volver a empezar. Ese es el sino del creador. Pressfield es, por supuesto, un ejemplo extremo, pero no subestimes la energía que tendrás que desplegar para lograr derrotar a tu dragón. Se trata de una lucha a muerte, un conflicto vital al que tendrás que hacer frente a lo largo de toda tu carrera.

LA KATA DE SAN JORGE

Observa tus miedos cuando se manifiesten. ¿De qué están hechos, exactamente? Plántales cara, míralos a los ojos. ¿De qué se trata? Antes de que el pensamiento se adueñe de ellos y les ponga una etiqueta, ¿acaso no son en realidad, sencillamente, una sensación neutra en tu conciencia? Cambia tu manera de verlos. Aprende a leerlos: son una brújula. Estás en el buen camino.

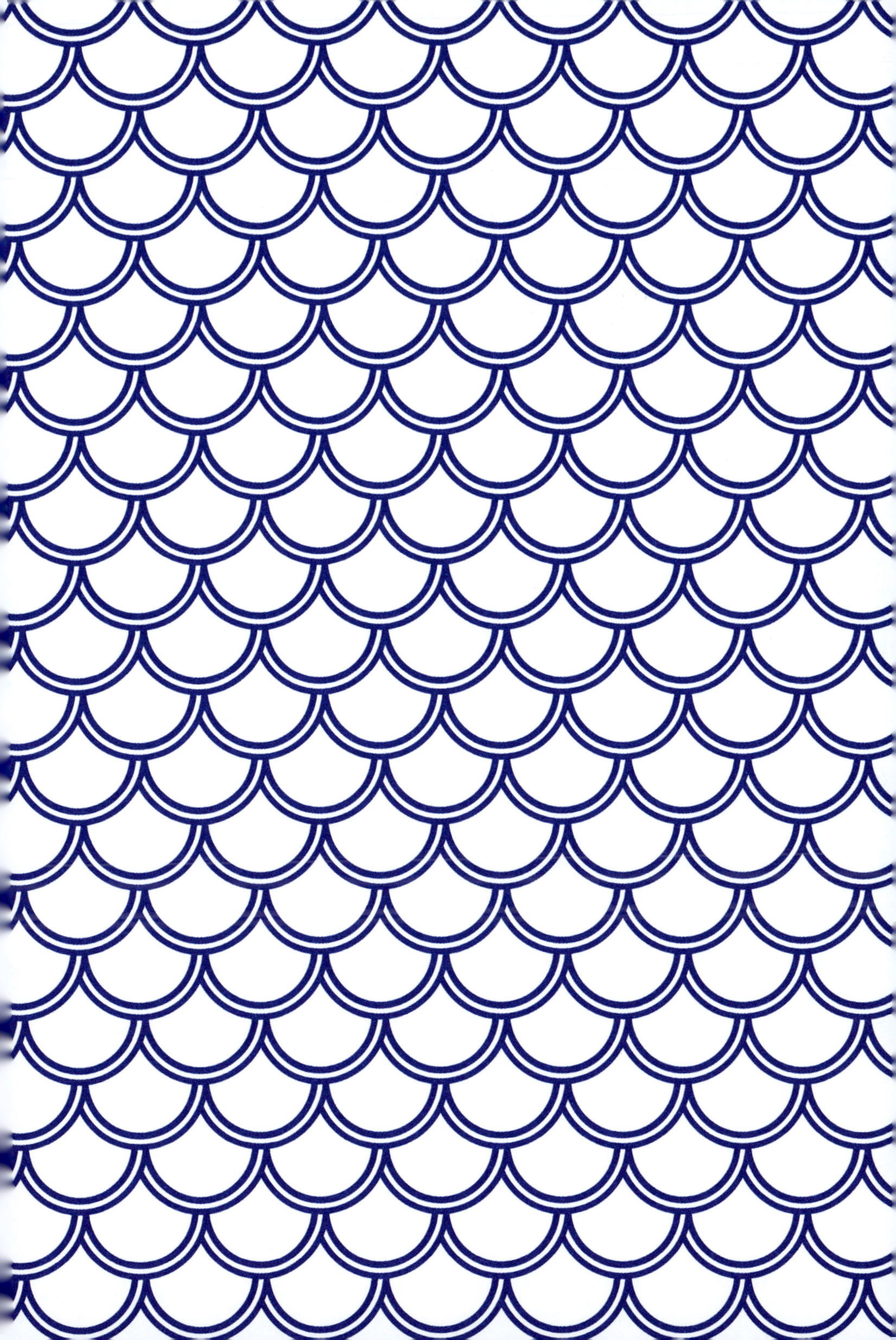

Comienza allí donde estés

NO FUTURE

El profesional creativo que se compromete con su camino comprende que pasa a encarnar, de manera natural, la expresión de su pleno potencial. Como dice el poeta sufí Rûmî: "Cuando comienzas a caminar, el camino aparece". No tenemos ninguna necesidad de prepararnos porque ya lo estamos. Nos engañamos a nosotros mismos si creemos que tenemos que adquirir cierto estado antes de actuar. Fantaseamos con un momento situado en el futuro, en el que supuestamente estaremos capacitados para acometer nuestra obra. Pero ese momento futuro, incluso esa persona misma, no existen en absoluto más allá de la existencia que le otorga nuestra mente. Tenemos que ser capaces de distinguir los pensamientos de las manifestaciones negativas de nuestro ego. Hemos dejado de identificarnos con ellas y nos servimos de lo que somos fundamentalmente, justo como si estuviéramos en una *performance* de teatro de improvisación. Aceptando el momento presente, partiendo del lugar en el que estamos, el camino se ilumina por sí solo. Este "ahora", que no es más que un instante en el tiempo, atrapado entre el pasado y el futuro, es eterno. No posee un límite temporal. Nuestra experiencia se compone de este ahora que somos por excelencia.

LA PROMESA DE LA SEMILLA

Como decía el maestro Eckhart, "La naturaleza más profunda de toda semilla significa el trigo y todo metal significa el oro, y todo nacimiento, el hombre". Quienquiera que haya vivido más allá de la infancia dispone de suficiente materia prima para crear hasta el fin de sus días. Las resistencias nos apartan de esta idea. Nos dicen que no sabemos lo suficiente, que solo cuando tengamos tal objeto, tal libro o tal aparato, estaremos al fin listos para acometer nuestra tarea. Cuando Murakami decide hacerse escritor, se da cuenta de que si se adapta a las normas tradicionales de la novela no llegará a ninguna parte. Entonces decide saltarse esas normas, esas concepciones ajenas, y se deja llevar por la escritura como si fuera un músico de jazz, transcribiendo aquello que se le pasa por la cabeza sin importarle un pimiento las reglas o estructuras establecidas. Como dice el escritor Philip Roth: "Escribir las cosas como pasaron implica convertirse en esclavo de la propia memoria, que no es sino un elemento menor del proceso creativo".

STEFAN SAGMEISTER

Para crear, el diseñador gráfico de origen austriaco Stefan Sagmeister utiliza todos los puntos de partida de los que dispone.

Toma un objeto al azar para empezar a reflexionar. En una entrevista, daba el ejemplo siguiente: "Si tengo que diseñar un bolígrafo, en lugar de fijarme en otros bolígrafos, de fijarme en cómo están hechos y pensar en cómo se usan los bolígrafos y cuál es mi público objetivo, empiezo a pensar en bolígrafos pero usando…". Entonces observa la habitación del hotel donde se desarrolla la entrevista y dice: "pero usando…, por ejemplo, la colcha de la cama. Pienso, vale, las colchas de las camas de los hoteles son pegajosas, contienen muchas bacterias… Ah, ¿sería posible diseñar un bolígrafo que sea sensible a la temperatura y que cambie de color con el tacto? Un bolígrafo que sea negro y que se vuelva amarillo en los puntos en que entre en contacto con los dedos".[19]

LA KATA DEL COMIENZO JUSTO

Comienza allí donde estés. Fuérzate a no leer nada por la mañana: no te metas en internet, no revises tu correo, no abras ninguna revista. Instálate en tu lugar de trabajo y fíjate en el primer objeto sobre el que se posen tus ojos, ya sea una taza, una hoja, una caja o un disco duro, da igual cuál. Úsalo como punto de partida de tu reflexión creativa.

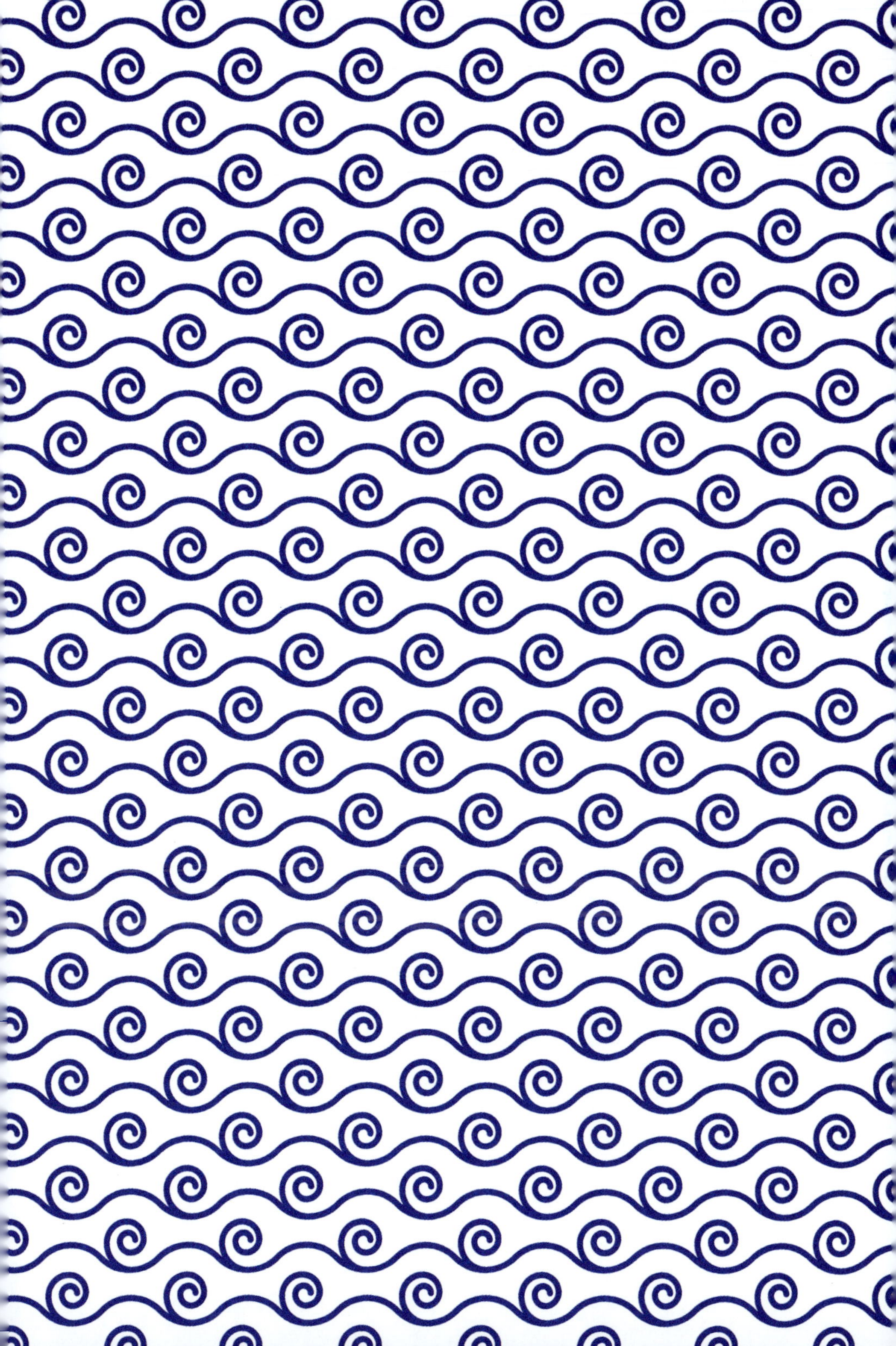

¡Da!

> ## "En cada semilla duerme la promesa de millares de bosques. Pero la semilla no debe atesorarse."
>
> ....
>
> DEEPAK CHOPRA

DEVUELVE LO QUE RECIBES

Aquel que emprende la vía del creativo conoce el lugar que el don ocupa en su existencia. Aunque no seamos necesariamente conscientes de ello, todos estamos en deuda en alguna medida. Todo lo que nos rodea nos ha sido dado. Como señala Lewis Hyde en su libro *The Gift* ('El don'), todo aquello que se nos da debe ser devuelto. En tanto profesionales creativos, nos inscribimos dentro de un círculo. Debemos considerar nuestro trabajo como un vínculo. El don solo tiene valor si circula, si se comparte. Así, hemos elegido a nuestros héroes, les hemos imitado y hemos absorbido su obra. Hemos aspirado la sustancia de su espíritu. Nos han donado lo mejor que tenían, su atención. Pero, como explica la escritora estadounidense Anne Lamott, debemos restituirles todo lo que hemos tomado prestado. Debemos ofrecer a cambio los frutos de nuestra propia voz. "La función de la libertad es la de liberar a otra persona", nos dice Toni Morrison.

LA NO-ECONOMÍA DE LA ATENCIÓN

Lewis Hyde subraya la importancia del acto de donar, sobre todo en las grandes etapas de transformación de nuestra existencia. Los momentos en los que hacemos progresos en la vía del creativo son aquellos en los que debemos darnos, en los que debemos sacrificar los harapos de nuestra personalidad. El acto creativo es un acto de transformación. Jean-Paul Sartre declaraba: "Durante mucho tiempo he temido acabar como había comenzado, dando igual dónde o cómo, y que ese vago tránsito no fuera más que el reflejo de mi vago nacimiento. Mi vocación cambió todo: las palabras vuelan, los escritos permanecen; descubrí que el Donador, en las Bellas Letras, puede transformarse en su propio Don, es decir, en objeto puro. El azar me había hecho hombre, la generosidad me haría libro".

Somos lo que damos, como señala Bob Dylan hablando de los Beatles, explicando así una parte de su éxito: "Ellos siempre te tendían la mano. [...] Te ofrecían su camaradería y su intimidad como ningún otro grupo". Dentro de esta economía del don, la atención es nuestro recurso más preciado porque, como ya señalamos al principio del libro, la única moneda de cambio de la atención es la propia atención. Así, un libro "se compra" dos veces: una primera vez en la librería y una segunda cuando lo leemos y le prestamos atención. Tenemos que ser capaces de dar aquello que queremos recibir. Como dice el diseñador gráfico estadounidense James Victore: "Your work is a gift", ('tu trabajo es un don'). Dicho don implica una responsabilidad, la de renunciar a los frutos de tu trabajo. Eso no quiere decir que debamos renunciar a que nos paguen por lo que hacemos, sino comprender que, una vez la obra está finalizada, ya no nos pertenece. ¿Pero nos había pertenecido solamente a nosotros? ¿A quién, exactamente?

ACOMPÁSATE CON LA VIBRACIÓN DEL MUNDO

Muchos creadores evocan la idea de que sus creaciones ya existían antes de que ellos las trajeran al mundo. Stephen King se describe a sí mismo como un arqueólogo que actualiza historias, como si fueran puntas de flecha enterradas en la arena del desierto de Arizona. Las obras existen, pero hay que saber acompasarse a su diapasón, prestar atención para atraparlas. Dylan nos lo explicaba hace unas páginas. El escritor Philippe Djian también afirma algo muy parecido: "El mundo es una vibración". Sentado en su mesa de trabajo, delante del teclado, se coloca en posición de escucha para poder captar esa vibración y transcribirla como es debido. Es habitual oír decir de alguien que posee un don. Como le explica su tío Ben a Peter Parker, el héroe de *Spiderman*: "Un gran poder implica una gran responsabilidad". Un don conlleva la carga de saber estar a su altura y de no dejar que se eche a perder, como un fruto olvidado al fondo del frutero. Lo mismo nos recuerdan la filosofía hindú y la famosa ley del karma: "Cada acción genera una fuerza que regresa a nosotros de igual manera".[20] Nos encontramos por lo tanto dentro de una no-economía de la atención; no-economía porque el creador no tiene derecho a ser avaro con ella. Constituye el precio de su libertad. Por eso debe dar tanto como pueda, sin reservas. Creamos este mundo tanto como él nos crea a nosotros. Honrémoslo.

ANNE LAMOTT

La escritora estadounidense Anne Lamott cuenta que ella empezó a escribir sus libros imaginándolos como regalos para sus allegados.

Su padre cayó gravemente enfermo. El mundo de la autora y su familia se vino abajo completamente. Transcurrido cierto tiempo, se dio cuenta de que tenía una historia que contar que podía hacer mucho bien a sus familiares. Decidió narrar su nueva vida desde el corazón de esta tragedia. En ella puso de manifiesto el modo en que nuevas fuerzas y recursos, como la solidaridad, el humor y la ternura, emergían junto con todos los inconvenientes de la situación. Contra toda expectativa, la historia insufló nueva fuerza a su padre enfermo, quien se dio cuenta de que todo aquel dolor podía transformarse en energía positiva. Ese regalo de su hija hizo nacer en él la esperanza de una continuidad que trascendiera su desaparición. Lamott respondió a esta necesidad en diversas ocasiones en las que allegados suyos se encontraban en circunstancias similares. Fue así como desarrolló su propio talento como autora, ofreciendo lo mejor que tenía: su capacidad para contar historias.

LA KATA DE LA ENTREGA DE UNO MISMO

Comienza desde hoy mismo a cultivar la gratitud. Mira a tu alrededor y reconoce todo lo que te ha sido dado: el sol, el oxígeno, los pájaros, el mobiliario urbano. Piensa en las obras que te emocionan y en los trabajos que te inspiran como regalos hechos por personas como tú, que han sido capaces de vencer a su dragón. No dudes en agradecérselo en voz alta. Ejercítate dando algo a cada persona con la que te cruces. Puede valer con un simple pensamiento positivo, un gesto de ternura o un poco de tiempo.

"Feck perfuction"

EL IMPERFECTO CREATIVO

Las dos torres de la catedral de Notre Dame de París no miden exactamente lo mismo. Los maestros constructores de la Edad Media consideraban la simetría como un símbolo de la perfección divina. O, dicho de otro modo, los seres humanos no podían arrogarse el derecho de construir algo perfecto. La perfección era un atributo exclusivo de Dios. "¡Pues mejor!", diremos nosotros, porque la perfección es uno de los más bellos aliados del vigilante que habita en nosotros. Como profesionales creativos, solemos tener una idea precisa de la calidad de aquello que queremos entregar. Una idea que en realidad se parece más a un fantasma. Como explica el productor, locutor de radio y actor Ira Glass: "Trabajamos en el campo de la creación porque hemos desarrollado un gusto por aquellas cosas que consideramos bellas". Tratamos de reproducir las obras y los trabajos que nos han marcado. Somos, de hecho, esclavos de nuestra memoria y de nuestra imaginación, de esa "perfección olímpica", como la llamaba Kerouac. Somos prisioneros de esa concepción. Si crees que aquello que vas a producir debe ser perfecto desde el principio, nunca producirás nada. Desde ahora, únete al grito de guerra del diseñador gráfico estadounidense James Victore: "Feck perfuction!", algo así como "¡A la miarde la ferpección!".

PRIMER BORRADOR

Los equipos de Pixar lo saben. El primer intento de un guion nunca está a la altura. El estudio ha integrado totalmente esa noción en su proceso industrial de creación. Su objetivo es entregar siempre la primera versión de un guion tan rápido como sea posible. Esta regla vale para cualquier trabajo creativo. Hay que trabajar sin dar marcha atrás, como si sintiéramos en la nuca el aliento flamígero de un dragón que quisiera acabar con nosotros. Ya nos tomaremos después todo el tiempo necesario para pulir ese primer borrador. Esto quiere decir que, sea cual sea la obra en la que trabajes, la primera versión de la misma no será nunca más que un esbozo grosero del resultado final. Un borrador que te cuidarás muy bien de no mostrar a nadie. Su función es permitirte tomar distancia frente al objeto, como el maestro samurái cuando desenvaina su catana. Él no piensa nunca ni en su catana ni en el del adversario. Nadie verá ese primer intento, así que actúa en consecuencia. ¡Libérate! Tienes todo el derecho a hacerlo. Explora tus profundidades. Asocia los elementos más incongruentes y, sobre todo, no pierdas tiempo comprobando cosas en internet. Un simple minuto de verificación en la red se transformará, casi seguro, en una hora entera perdida navegando y escrutando lo que otros hacen, supuestamente, mejor que tú.

LA PROFUNDIDAD ANTES QUE LA BELLEZA

La práctica permite reforzar nuestra intención, pero también brinda a nuestra resistencia la posibilidad de adoptar nuevas formas. Nuestras resistencias están hechas del mismo material que el robot T-1000 de la segunda entrega de *Terminator*. Se transforman y se adaptan, siempre con el objetivo de aniquilar todo lo que las rodea. "El perfeccionismo es la voz del opresor", dice Anne Lamott. ¡Ignóralo! Paul Auster nos cuenta que, cuando era joven, aspiraba a hacer cosas magníficas. Pero, a fuerza de trabajar, se dio cuenta de que el verdadero objetivo de un artista es enfrentarse a las cosas que intenta producir. Esa es la batalla del samurái creativo. El objetivo de esa lucha no es la belleza. El objetivo es dotar a las cosas de la mayor profundidad posible. Ahí es cuando puede nacer la belleza. Es preciso involucrarse completamente en esta lucha y dedicarle toda nuestra atención. Auster confiesa que puede pasarse una jornada entera de trabajo sin producir nada de valor, tachando y tirando a la papelera todo lo que escribe. Pero sabe que lo habrá dado todo por una causa justa. Lo habrá intentado al 100 %. De ese modo habrá escrito miles de páginas de novelas inacabadas, miles de arranques sin continuación, pero esas páginas constituyen la materia prima de todas sus novelas siguientes.

TONY PARKER

Cuando ya era una figura reconocida de la NBA, el jugador de baloncesto estadounidense Tony Parker conoció un periodo en el que su porcentaje de anotación dejó de ser regular. Podía jugar un gran partido un día y, al siguiente, desaparecer de la cancha. Su entrenador decidió entonces contratar a un *coach* personal para ayudarle a progresar. Lo primero que hizo este fue preguntarle a Parker si quería ser "bueno" o ser "uno de los grandes". Aspirar a ser un "grande" requería estar preparado para mejorar continuamente. El mentor le explicó a Parker que todos los deportistas dicen que quieren mejorar, pero que pocos saben de verdad lo que eso significa. Como dice un verso de un viejo blues interpretado por Albert King: "Todo el mundo quiere ir al Paraíso, pero nadie quiere morir". Tony Parker no tuvo miedo de morir. No tuvo miedo de convertirse en un jugador imperfecto durante un periodo que era incapaz de calcular. Tuvo que revisar completamente su técnica de tiro, aprender a colocar su pulgar de manera diferente a la hora de agarrar el balón y a ganar estabilidad en el momento de lanzarlo. Aceptó ser menos bueno durante un tiempo para lograr ser mejor. Se trata de un sacrificio que muy pocos profesionales, sea cual sea su campo, están dispuestos a hacer. Tony Parker comenzó a entrenarse de nuevo durante horas, como un debutante. Sus estadísticas comenzaron a ser impresionantes. Su huella en la historia de la NBA es hoy indiscutible. Tony Parker se convirtió en uno de los "grandes".

LA KATA DE LA IMPERFECCIÓN

Si tienes problemas para arrancar con un nuevo proyecto, decídete a dedicar tan solo 10 minutos para realizar un primer borrador. Por lo que respecta al tiempo asignado, pronto comprobarás cómo esos 10 minutos se transforman sin darte cuenta en tres cuartos de hora. Comienza por la parte del proyecto que te parezca más atractiva, la que más te estimule. Recuerda mientras lo haces que no hay comienzo malo y que nadie tiene por qué ver jamás ese primer borrador. "Feck perfuction!"

Actúa con desprendimiento

· · · · · · · · · · · · · · · ·

BAGHAVAD GITA

SEÑALES

Todo sufrimiento psicológico es una señal. La señal de que no estamos buscando en el sitio adecuado, de que hemos partido en busca de la felicidad y de la paz en el mundo de los objetos y de la materia. La señal de que nos identificamos con nuestro ego, de que creemos que somos un cuerpo y una mente separados y de que vivimos en una realidad exterior a nosotros mismos. Es, en definitiva, la señal de que ignoramos nuestra función como conexión, de que estamos dejando de lado el verdadero objetivo de nuestra existencia: la revelación de nuestra naturaleza profunda. En la medida en que busquemos esa paz en el futuro, esperando que las cosas cambien, en la medida en que nos aferremos al pasado, a aquello que hemos obtenido, seguiremos sufriendo. En realidad, mientras no percibamos ni comprendamos lo que ese sufrimiento intenta enseñarnos, este no desaparecerá.

LA MUDA

Cada vez que un bogavante crece y se siente demasiado apretujado en su caparazón, se refugia bajo una roca. Para eso parte su caparazón en dos: extrae primero su cuerpo y luego las pinzas, las patas y la cola. Entonces se encuentra en un estado gelatinoso que le permite absorber una cierta cantidad de agua para aumentar su volumen. Inicia así un proceso que dura un mes, lo que tarda su caparazón en mudar y crecer hasta adquirir una talla mayor. Ese fenómeno de muda sucede una veintena de veces a lo largo de la vida de un crustáceo. Cada vez que el bogavante se encuentra en una situación incómoda, lo interpreta como una señal de que debe crecer. Destruye todo lo que había edificado para protegerse y desarrollarse de nuevo. Es así como se desarrolla nuestro proceso de crecimiento. Lo que sucede es que solemos estar demasiado ocupados con nuestra actividad de identificación como para advertir estas señales. Preferimos sentirnos incómodos dentro de un caparazón demasiado estrecho a cambiarlo. Somos fundamentalmente aquello que buscamos. Paradójicamente, la única manera que tenemos de llegar a descubrirlo es saber soltar, desprendernos.

DÉJATE LLEVAR

Cada acto creativo es un acto transformador. La acción creadora posee un valor por sí misma. Como un padre con respecto a su hijo, somos responsables de su bienestar y de su seguridad. Sin embargo, una vez en el mundo, la creación ya no nos pertenece. De hecho, nunca nos ha pertenecido. Una vez en el mundo, pertenece al mundo. A continuación viene la dificultad de volver a crear tras un primer éxito. Concluir una primera obra es ya todo un éxito. Toda la dificultad radica en conseguir desvincularse emocionalmente. No existe un yo separado, centralizado y localizado en tu cuerpo. No existe (ya no) un yo separado, centralizado y localizado en tu obra. No existe más que el "hacer", el "pintar", el "interpretar", el "bailar", el "cantar", el "dibujar", el "esculpir"…, no hay más que el "crear". Un artista no puede renunciar a la acción. Un artista es lo que hace.

> Renunciar a la acción
> bajo el pretexto de que es peligrosa,
> por miedo de sufrirla en el propio cuerpo
> es una renuncia pasional
> que no obtiene ningún fruto.
> Pero acometer la acción que se presenta, Arjuna,
> la acción que es preciso llevar a cabo,
> es renunciar a toda atadura, a todo fruto de su acto,
> he ahí, para mí, la renuncia
> que compete al ser.[21]

Asumamos de manera consciente nuestra función de conexión y aceptemos plenamente nuestro funcionamiento natural, que está basado en la noción del mínimo esfuerzo. Las cosas se hacen naturalmente sin dificultad y sin que tengamos un control real sobre ellas. El mundo es una vibración y nuestro papel como profesionales creativos es el de saber captarla e interpretarla para transmitirla de nuevo, con tanta profundidad como sea posible.

ESPERA SIN EXPECTATIVAS

Hay que adoptar la "postura de la espera sin expectativas" descrita por el maestro japonés Kenzo Awa: "El verdadero arte no tiene objetivo ni intención. Cuanto más obstinadamente perseveres en querer aprender a lanzar la flecha con vistas a alcanzar un objetivo seguro, menos posibilidades de éxito tendrás y más se alejará de ti dicho objetivo. Cuando tu voluntad tiende demasiado hacia un fin, se convierte en un obstáculo para ti".[22] Si nuestro único apoyo es la identificación con nuestro ego, ese estado es casi imposible de alcanzar. Jo Nesbø es un escritor noruego que ha tenido mucho éxito con sus novelas policíacas. Ha vendido casi 25 millones de libros en todo el mundo. Paradójicamente, aunque la situación le reporta beneficios, encuentra casi ridículo que le paguen por hacer algo que haría gratis: contar historias. No escribe todos los días, sino solo aquellos en que se lo dicta su corazón. Desvinculémonos del objeto. Como dice Anne Lamott, el hecho de que te publiquen no cambiará nada, ni tus angustias ni tu búsqueda de paz y de felicidad.

PAULA SCHER

Paula Scher, diseñadora gráfica y socia de la agencia Pentagram, es una de las grafistas más importantes de nuestro tiempo.

Tras un año de trabajo particularmente agotador, Scher siente la necesidad de tomar distancia y liberarse de lo que es. Decide entonces marcharse a su casa en el campo y aislarse. Una vez allí, se pone a pintar mapas de ciudades y de países sobre lienzos inmensos. Al principio, cada tela conllevaba una labor titánica de seis meses. Lo hace como un juego, por gusto y, sobre todo, si ninguna intención comercial ni de seducción. Estos mapas, magníficos, no son precisos en su topografía. Constituyen una puesta en escena de la distorsión. Por lo general, en todo trabajo de diseño gráfico, la información dicta la forma. Es una tarea que reclama rigor y exactitud, una herramienta en la que la legibilidad y la veracidad resultan esenciales. Pero aquí Scher invierte este proceso. Es ella quien tiene el control de la información que transmite, y aborda la utilización de dicha herramienta completamente a contrapié. Para ello se libera completamente de su papel y su función como diseñadora gráfica. Se trata de algo que fabrica para sí misma, por el puro gozo de construir cosas. De este modo sacia su necesidad de mostrar el mundo tal y como es para ella. La grafista reacciona también a su sentimiento de que el diseño se ha convertido en algo demasiado intelectualizado. Quiere hacer algo más orgánico. Estos mapas no poseen ninguna utilidad práctica, pero resultan lo suficientemente cercanos a la realidad como para generar una tensión entre lo que es verdadero y lo que es erróneo.

Paradójicamente, los mapas de Paula Scher comienzan a venderse en el mercado del arte contemporáneo. Un amigo de la diseñadora los expone en una galería y entonces desaparece el vínculo desinteresado de Scher con su obra. Comienza a pintarlos más deprisa y la noción de juego se desvanece. Sus mapas responden ahora, de nuevo, a una expectativa. Scher afirma que se han convertido en algo "solemne". Es el momento, para ella, de parar y de volver a empezar de cero e inventar otra vez algo nuevo que fabricar.

LA KATA DE LA LIBERACIÓN

Ejercítate en la contemplación sin interpretar. Observa las cosas sin que entren en juego ni la reflexión, ni la memoria ni la diferenciación. Un ejercicio simple consiste en escoger un objeto o una obra de arte y entrenarse en describirlo sin interpretarlo, vaciando la descripción de cualquier etiqueta.

Siembra

UN JARDÍN EXTRAORDINARIO

Volvamos a nuestro cerebro. La idea más común es la de compararlo con un ordenador. De hecho, lo que solemos comparar con una máquina es el conjunto de nuestro cuerpo. Pero desengañémonos, nuestro cerebro no es más parecido a un ordenador que a una sopera. En realidad, nuestro cerebro es un jardín. Un jardín salvaje e indisciplinado, que crece y florece por sí mismo. Un jardín ultrasensible, cuya estructura misma se modifica según nuestras actividades y según nuestro aprendizaje. El hombre intenta encubrir su naturaleza esencial hasta en la manera en que se describe a sí mismo. Sin duda, nos resulta más tranquilizador compararnos con una máquina que con un organismo inteligente y sensible. El mundo moderno casi ha logrado hacernos olvidar que somos parte de la naturaleza. Como dice el escritor Jim Harrison, cuando caminamos por la naturaleza no la absorbemos, sino que es ella la que nos absorbe a nosotros. Nuestros hábitos cotidianos modifican la estructura de nuestro cerebro y le permiten desarrollar nuevas capacidades. El mero hecho de dibujar, de cantar, de escribir o de jugar afecta a este órgano a un nivel que ni siquiera sospechamos. Somos un jardín y nuestras adicciones pueden ser consideradas como verdadera polución. Estas seducen a los creadores en la medida en que actúan como anestésicos que permiten cortar durante un momento más o menos largo (siempre, de hecho, demasiado corto) la influencia de nuestros pensamientos sobre nuestras actividades. Es evidente que estas prácticas ponen en peligro nuestra salud. Nos generan la ilusión de que somos capaces de ganar una pequeña batalla a nuestro dragón, y no nos damos cuenta de que se trata, precisamente, de una de las armas del dragón. Más allá de nuestra salud, este consumo modifica la estructura profunda de nuestro organismo. Lo mismo sucede, por supuesto, con el consumo de productos audiovisuales y culturales, ya sea en internet o en otros soportes. Una nueva ciencia está emergiendo: se trata de la epigenética, una rama de la biología que estudia el funcionamiento de las moléculas que modifican nuestro patrimonio genético en función del contexto. Un cierto número de científicos se han percatado de que el ADN, que está diseñado como si fuera el programa que se encarga del funcionamiento de nuestro organismo, no influye más que en el 15 % de nuestro metabolismo (las enzimas y las proteínas). El 85 % restante está controlado por el ARN, cuya estructura es más corta y más flexible que la del ADN. Su agilidad le permite garantizar una mayor diversidad de funciones en nuestras células y regular el funcionamiento de nuestros genes. La epigenética estudia la modulación de la expresión de nuestros genes en función de nuestro comportamiento. Nuestro estilo de vida modifica constante y profundamente nuestro patrimonio genético.[23]

LA SOBRIEDAD FELIZ

Tenemos que razonar como si fuéramos ecologistas de nuestro propio organismo. Ese es un principio que ha sido adoptado por grandes deportistas. El uso de las medicinas alternativas se desarrolla en estos entornos y los preparadores físicos consideran que los tiempos de reposo son esenciales. Esto es lo que expresa también el actor Philippe Torreton cuando evoca a Shakespeare. El dramaturgo inglés decía que leía poesía para abastecer su granero y encarar mejor los rigores del invierno. En nuestra relación con nosotros mismos, debemos adoptar la actitud de un agricultor para con la sobriedad feliz. Nos cultivamos y nos preservamos como un jardín. Escuchemos a la cantante Patti Smith: "Cuando [los jóvenes] me preguntan: 'Patti, ¿qué es lo que tenemos que hacer?', mi mensaje es modesto: '¡Cepillaos los dientes!'. Con eso quiero decir: ¡Cuidaos! Estad tan sanos como sea posible. Evitad los vicios y todo aquello que pueda convertiros en esclavos. Es algo que yo decidí muy joven viendo cómo mi madre podía acabar por derrumbarse cuando no le quedaban cigarrillos, porque podía llegar a fumarse tres o cuatro paquetes al día. Yo me mantuve firme y elegí ser libre y no depender de nada. Salvo, tal vez, del arte. O del amor. Es una filosofía de preservación de uno mismo. El resto…".[24]

• •

BRENDAN BRAZIER

Desde los 15 años, Brendan Brazier quería ser corredor de triatlón profesional.

Siempre había querido participar en esas temibles competiciones llamadas Ironman. Esa es su pasión. En los comienzos de su carrera, se concentra en los entrenamientos. Elige a sus héroes y calca su manera de entrenarse. Enseguida se da cuenta de que los métodos de entrenamiento varían muy poco de un atleta a otro. Lo único que cambia es la frecuencia. En ese punto es donde Brazier hace un descubrimiento importante. La preparación de un atleta comporta dos fases. La primera es el entrenamiento como tal; la segunda, que suele subestimarse considerablemente, es la recuperación. Brazier se dio cuenta de que los entrenamientos suelen estar muy bien planificados, pero las fases de reposo se descuidan. Para él, la clave es optimizar los periodos de reposo y eliminar las fuentes de estrés que pueden aparecer durante estos lapsos. La digestión forma parte de estas posibles fuentes de estrés. Se pregunta por el régimen que ha de seguir para optimizar el rendimiento de su cuerpo y reducir el estrés, para poder recuperarse de forma óptima. La intuición le lleva a probar un régimen que no incluye nada de carne. Sus primeras tentativas de régimen vegetariano tienen unos efectos desastrosos sobre sus resultados. Se siente fatigado, vacío y sin energía. Pero persevera. Lleva su reflexión aún más lejos para comprender cómo un régimen puede influir tanto en su organismo. Estudia en profundidad las reglas de la nutrición. Cuanto más se le dice que un régimen vegetariano es incompatible con la actividad de un atleta profesional, más lejos lleva sus investigaciones. Aprende a escuchar a su propio cuerpo de una manera notable. Ese será su barómetro dietético para probar un alimento o una receta. Cuando siente, después de un entrenamiento intensivo, que es capaz de seguir, valida el plato ingerido la víspera. Desarrollará esta práctica durante 17 años. Así es como se convierte en un atleta y un empresario de éxito. Acaba lanzando su propia gama de productos y escribiendo varios libros dirigidos a deportistas vegetarianos.

LA KATA DEL JARDINERO

Conviértete en un ecologista de tu propio organismo. Respétalo como tal. Comienza tu jornada con un régimen seco. Prescinde de todo tipo de conexión. Fuérzate a no leer nada por la mañana. Cultívate física e intelectualmente. Evita las noticias basura, airea tu mente y lee literatura. Interésate por otros campos distintos de aquel en el que ejerces tu arte. Elmore Leonard leía una página de Hemingway cada mañana antes de comenzar a escribir. Encuentra a tu Hemingway y haz lo mismo.

No dependas de
la confianza

No dependas de
la confianza

EL ESPEJISMO DE LA CONFIANZA EN SÍ MISMO

La vía del creativo se parece a una maratón. Para concluir esta odisea con éxito resulta muy arriesgado y precario apoyarnos tan solo en la confianza en nosotros mismos. La confianza es pasajera, frágil y volátil. Es fruto de nuestra memoria y se construye sobre aquello que ya hemos hecho. La actriz Anna Deavere Smith lo explica bien en su obra *Letters to a Young Artist* ['Cartas a una joven artista']. Allí cita el ejemplo de un jinete profesional de rodeo (un *bull rider*), Brent Williams, que montaba toros bravos. En esta clase de competiciones, el jinete tiene que aguantar ocho segundos sobre el lomo del animal. También se valora la calidad de su ejecución y la dificultad que entrañe la actitud del toro montado. Brent Williams le explica a Deavere que prepara su práctica a fuerza de determinación, más que a fuerza de confianza en sí mismo. La determinación es activa. No es un impedimento ni para la duda ni para la humildad. La determinación brinda la garantía de estar librando la batalla correcta contra el dragón correcto. "A veces, o quizá siempre, el dragón tiene la inteligencia superior de ser deliberadamente estúpido y obtuso", dice el diseñador gráfico estadounidense Frank Chimero.

ENCUENTRA TU UNIDAD DE MEDIDA

La literatura requiere de estupidez y terquedad. Durante la gestación de su primera novela publicada, *La ciudad y el campo*, Jack Kerouac llevaba una contabilidad fría y metódica de su progreso. Al final de cada jornada contaba las palabras que escribía y las apuntaba en una tabla. De este modo, podía abordar su obra desde una posición científica desprovista de ego. Fanático del béisbol, Kerouac fue aún más lejos y elaboró un complejo sistema de estadísticas y puntos con el fin de evaluar su productividad. Al ponerse un objetivo contable, y no artístico, potenció su determinación. Anne Lamott le puso a uno de sus ensayos sobre literatura el título de *Pájaro a pájaro*, en recuerdo de una anécdota familiar.

Cuando su hermano tenía 10 años, un domingo por la tarde se echó a llorar en la mesa de la cocina, mientras terminaba unos deberes sobre ornitología. Había tenido tres meses para hacer el trabajo, pero, angustiado por la importancia de la tarea, no había escrito nada hasta la víspera de la entrega. Estaba paralizado. El padre de Anne se sentó a su lado y, pasándole el brazo por el hombro, le dijo: "Un pájaro después de otro, hijo. Coge primero un pájaro y después otro". Se trataba de escoger la unidad de medida adecuada y de atenerse a ella. Para Paul Auster, es el párrafo. Para Philippe Djian, es la frase. Esa es la unidad de medida de sus novelas. Deja, literalmente, que su obra se escriba a sí misma, una frase después de la anterior. Hasta tal punto es así que tiene la impresión de descubrirla él mismo a medida que la escribe. Nos confiesa, por ejemplo, que, en el caso de su libro *Dispersez-vous, ralliez-vous!* ['¡Dispersaos, uníos!'], descubrió que la protagonista era una mujer al reparar, casi por casualidad, en una "e" al final de una palabra. Bob Dylan dice lo mismo: "Una canción se construye así. Un verso llama al siguiente como un paso sigue a otro". El artista Miquel Barceló rellena decenas de libretas y cuadernos de dibujos y acuarelas. Trabaja en muchos a la vez. "Se acumulan", explica, como si hablara de un fenómeno ajeno a él, "pero no los miro después. Registro ideas en mis cuadernos y no vuelvo allí a buscarlas más adelante… No hace falta tener una idea. [...] Quiero decir que las ideas van haciendo su trabajo. Los cuadros producen ideas. Las ideas no producen cuadros".[25]

EL RITMO JUSTO

Nuestro cerebro nos preserva. Una de sus misiones es conservar suficiente energía para el correcto funcionamiento de nuestro organismo. Tan pronto considera que llevamos activos un poco más de la cuenta, envía señales para forzarnos a disminuir dicha actividad. Sin embargo, nuestro cerebro economiza mucho. Elaborando una rutina de trabajo basada en nuestra determinación, aumentaremos nuestra capacidad de producción. Es el entrenamiento del corredor de fondo que, poco a poco, va cubriendo las distancias que debe recorrer. Pero el corredor sabe también que es inútil entrenarse corriendo la distancia real de la competición.

Hay que saber dosificar el esfuerzo. No podemos acabar exhaustos al final de nuestra jornada de trabajo. Tenemos que aprender a conservar un poco de frustración, que es a su vez una fuente de impulso y de energía. Eso es lo que hace Woody Allen, según cuenta Samuel Blumenfeld, periodista de *Le Monde*: "Mientras que Martin Scorsese o Steven Spielberg se vuelcan en cuerpo y en alma con un proyecto, no dudan en multiplicar las tomas de una escena, o en pasarse un año en el desierto o en cualquier otro lugar si hace falta, Allen se siente obligado a parar todo al filo de las seis de la tarde, para ir a ver su partido de baloncesto en el Madison Square Garden o, a falta de partido, para ir a cenar con su mujer y sus invitados". Eso, que bien podríamos achacar a una falta de implicación, es, de hecho, una técnica para no quemar todas las energías de golpe.

ERNEST HEMINGWAY

"No existe la escritura, solo la reescritura."

En ese sentido, es más sabio adoptar el comportamiento de Ernest Hemingway que el de Francis Scott Fitzgerald. Este último nunca pudo recuperarse del todo del proceso de escritura y del éxito de *El Gran Gatsby*. Tardó nueve años en escribir *Suave es la noche*, y lo hizo con enormes dificultades. En el transcurso de esos nueve años fue cuando su camino y el de Hemingway se cruzaron. Al comienzo de su relación, Hemingway era un escritor principiante. Tenía un enfoque mucho más frontal, más pragmático y más simple de la literatura que el de Fitzgerald, quien intelectualizaba más (¿demasiado?) su práctica. Fitzgerald estaba aplastado por la presión de su propio éxito y andaba en busca de la confianza que le era tan esquiva. Hemingway le dijo que haría mejor inspirándose en su técnica: escribía una página buena por cada 99 malas y su esfuerzo consistía más bien en el hecho de tirar esas 99 malas. Hemingway subrayaba la importancia de no dejarse desalentar por el aspecto mecánico de la escritura (algo que es aplicable a toda producción creativa) y llegó a reescribir el texto de *Adiós a las armas* unas 50 veces. También nos explica que la primera versión de una obra siempre es mala. Hay que pulirla hasta que el lector tenga la sensación de que la historia va dirigida a él y no al escritor. Un diseñador de carteles tiene la misma misión: tiene que lograr que el espectador tenga la impresión de que el cartel se dirige a él y a nadie más.

Se trata de un trabajo de desaparición del autor que redunda en beneficio de su obra. Pero Hemingway señala asimismo la importancia de saber detenerse a tiempo. Hace falta mantener el ritmo. No dudaba a la hora de parar a mitad de una frase o de un párrafo, y aguardar al momento que sentía como más adecuado para proseguir con ellos. Esa era una de sus recetas para reanudar mejor la tarea al día siguiente.

LA KATA DE LA LIMITACIÓN

¡Participa en el 100 Days Project
['el Proyecto de los 100 días']!

"Comienza hoy, escoge un ejercicio de diseño que puedas repetir todos los días durante los 100 días siguientes. El centésimo día, formaliza el resultado del conjunto para que puedas presentarlo."[26]

Escribe el libro que quieres leer

FAN FICTION

La creación es un vínculo. Ligamos nuestra interpretación del mundo a la de los demás. Aquello que constituye nuestra intimidad contiene lo universal. Aquí Bob Dylan nos ilumina una vez más: "Una canción se parece a un sueño que tratamos de hacer realidad". Hablando sobre la composición del tema "Dignity", del álbum *Oh Mercy*, producido por Daniel Lanois en 1989, declara: "La canción estaba como delante de mí y la atrapé, veía a los personajes y les repartí mis cartas". Nuestras creaciones no surgen nunca de la nada. Como afirma Austin Kleon,[27] es importante no partir de aquello que sabemos, sino de aquello que amamos. Se trata de un reflejo infantil. Cuando, de pequeños, nos fascinaban unos dibujos animados, tratábamos de prolongar las aventuras de sus protagonistas en nuestra habitación. Al crecer, tal vez podamos escribir o dibujar los episodios que, según nosotros, faltaban. Kleon cita dos ejemplos en su obra. En primer lugar, el de Brian Eno, quien decía: "Mi interés por la música nació de mi deseo de crear algo que no existiera todavía, pero que me encantaría escuchar". Más adelante, Kleon cita el ejemplo de Bradford Cox, uno de los miembros del grupo Deerhunter, quien, siendo adolescente, mientras aguardaba la salida del disco de alguno de sus artistas favoritos, se entretenía grabando él mismo una versión imaginaria. La mayoría de esas canciones se convertirían, con el tiempo, en el repertorio de su grupo.

EMOCIONES

Presta atención. Cuando trabajas en el encargo de un cliente o quieres satisfacer tu deseo de expresión personal, siempre existe, en tu mente, tu versión ideal de la obra que quieres producir. Nuestra necesidad de crear deriva siempre de una falta. Deberás partir de la idea de que vas a escribir el libro que te gustaría leer, de que vas a componer la canción que te gustaría escuchar o de que vas a diseñar el cartel que te gustaría ver. De ese modo te plantearás una exigencia de naturaleza emocional. Esta obra, a tu modo de ver, deberá ser capaz de transportarte y llenarte en la misma medida que los trabajos que te han influido. Esta exigencia es un mapa y una brújula, no dejes que se interponga en tu camino; y, si es el caso, vuelve sobre el capítulo del libro donde hablábamos de aniquilar a nuestro dragón. Aquello que nos impacta emocionalmente impactará también a los demás.

STEVEN SPIELBERG

El director estadounidense posee un talento extraordinario para capturar el mundo y transmitirlo desde la mirada de un niño.

En 2016, el autor y director Joann Sfar compartió en redes sociales el tráiler de la película de Spielberg *Mi amigo el gigante*, comentando lo siguiente: "¿No tenéis la impresión de que llevabais esperando esta película desde que erais niños? ¡¡¡Es la primera vez que un tráiler me emociona así!!!". Spielberg, de hecho, lleva ejercitándose desde su primera juventud en la práctica de contarse a sí mismo las historias que la gustaría escuchar. Lo hizo en su momento para dominar sus miedos más profundos. El director cuenta que de niño le daba terror un árbol inmenso del jardín que veía a través de su ventana en la casa familiar. Cuando llegaba la noche, aquel árbol se convertía en una figura demoníaca: "Cada noche, mi imaginación encontraba alguna cosa nueva con la que asustarse". Sin embargo, el joven Spielberg no podía dejar de mirar el árbol, de explorarlo y de contarse a sí mismo los peores horrores imaginables. Sin saberlo, estaba agudizando ya sus cualidades como narrador de historias. Porque, en el fondo, le encantaba aquella tensión que nacía del terror pero que precedía también al relajamiento que conllevaba la resolución de esa misma tensión. Esta mecánica es el signo distintivo de las grandes historias y Spielberg nunca ha dejado de demostrárnoslo. Este ciclo de tensión y resolución constituye la esencia de sus películas. "Siempre me ha gustado despertarme después de una pesadilla, darme cuenta de que no se trataba más que de un mal sueño y

no desear sino una cosa: dormirme otra vez para sumergirme de
nuevo en ella". Es más, Spielberg confiesa que no empieza nunca
una película si no experimenta "esa sensación tan familiar", pues
la historia tiene que contener ese vínculo emocional íntimo con
el realizador. Así, Spielberg no hace otra cosa que contarnos las
historias que el pequeño Steven querría escuchar.

LA KATA DEL IDEAL

La próxima vez que tengas un encargo que entregar,
imagina que es una prolongación de las obras que
te han inspirado. Dispón de manera instintiva los
elementos que lo compongan (una especie de pliego
de condiciones imaginario con tus propios términos
y referencias).

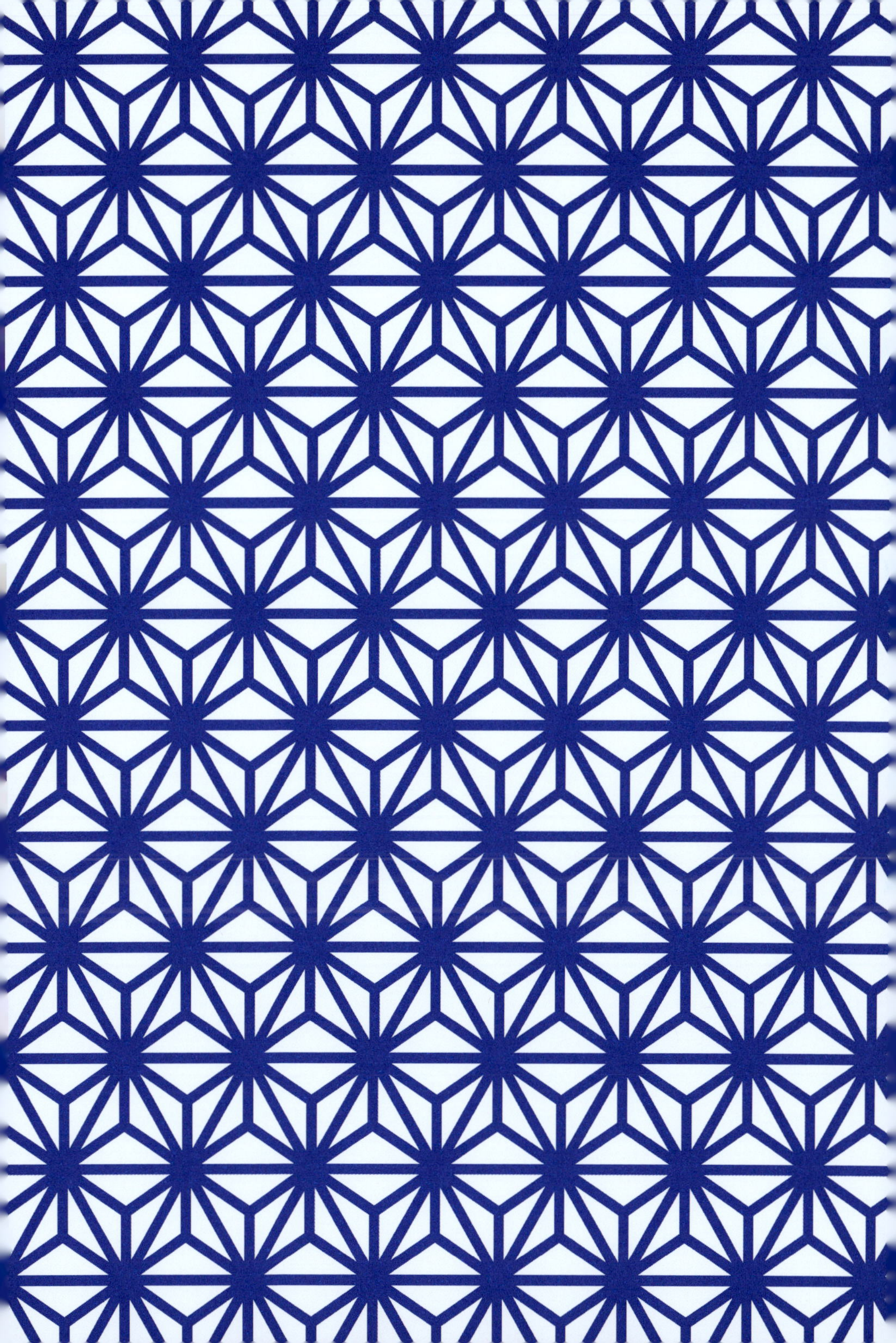

Crea tus rituales

UNA FILOSOFÍA DE LO COTIDIANO

Murakami nos dice: "Somerset Maugham escribió que 'todo afeitado encierra también su filosofía'. Viene a decir con esto que, al realizar cualquier acto, por trivial que sea, con el paso de los días acaba por surgir algo similar a una contemplación filosófica". Si tú no respetas lo que haces, nadie lo hará. Un creativo ha de contar con su propia disciplina. Como dice Steven Pressfield: "La vida del escritor está hecha de automotivación, de autodisciplina, de autorrefuerzo y de autovalidación". La cultural japonesa otorga un lugar central a los rituales: la ceremonia del té, la caligrafía, las artes marciales... Para los japoneses constituyen una manera de aproximarse al momento que no es un momento. De este modo, mitigan la presión del ego y crean las condiciones necesarias para aprehender el instante presente. Herrigel nos explica que los rituales de la cultura japonesa son herramientas de concentración para el artista, cuyo objetivo es "alcanzar un punto en el que el saber se espiritualiza". Cita la práctica de la caligrafía, en la que el calígrafo "examina y prepara" sus pinceles, coloca la hoja de papel con minuciosidad, se concentra en silencio y comienza su obra imbuido en el continuo de esta "concentración impasible". El florista experto en arreglos florales separa cada tallo delicadamente, los observa durante largo rato, escoge los mejores, los curva con pericia y los dispone juntos en un jarrón escogido con esmero. El ritual favorece la concentración, que ayuda a su vez a liberar el pensamiento creativo, lo que hoy en día algunos llaman "entrar en *flow*", con el fin de alcanzar ese estado de conexión y de llegar a "presentir aquello que habita en los oscuros sueños de la naturaleza". La actividad creadora da "la impresión del desarrollo completo de un todo".[28]

SILENCIO

Crear nuestros propios rituales es un método que prolonga y profundiza nuestra elección de convertirnos en verdaderos profesionales. El campeón de tenis Novak Djokovic otorga una gran importancia a sus comidas. Intolerante al gluten, sigue un régimen alimenticio muy estricto. Hace grandes sacrificios para optimizar su rendimiento. Sus colaciones tienen lugar en medio de un silencio digno de monjes benedictinos, cistercienses o trapistas. La explosión de Djokovic se corresponde con la observancia de una disciplina draconiana. El jugador evoca su partido contra Nadal durante el Abierto de Australia de 2012, un enfrentamiento que duró 5 horas y 53 minutos, calificado por los periodistas deportivos como "el mejor partido en categoría individual de todos los tiempos". Djokovic cuenta que, después de aquel partido antológico, solo podía pensar en chocolate. No lo había probado desde 2010. Su entrenador le trajo una barra, Djokovic cortó un pequeño trozo, se lo puso debajo de la lengua y dejó que se derritiera: "He aquí lo que hay que aguantar para llegar a ser el número uno". Este ejemplo podrá parecer un poco extremo, pero no subestimemos la tarea que nos incumbe. Recuerda: "Un gran poder implica una gran responsabilidad". Podemos crear rituales en nuestra vida cotidiana, pero evidentemente nos resultarán más beneficiosos en el trabajo. Forzarse a seguir un ritual es una forma de aliviar tensiones, de ponerse en la mejor situación posible para producir. Jim Harrison se sentaba a su mesa, colocada delante de una pared blanca en una cabaña perdida de Montana. Nunca incumplía su ritual establecido de escribir un mínimo de tres horas al día. Allí, delante de esa pared, fue donde se desplomó, mientras le daba una última vuelta a un poema.

MICHAEL BIERUT
Y ROBERT CRUMB

Michael Bierut, diseñador gráfico y socio de la agencia Pentagram, sigue una serie rigurosa de rituales.

Se levanta pronto, entre las cinco y las seis de la mañana. Se lava los dientes y se afeita todos los días usando los mismos productos. Si la temperatura exterior es superior o igual a 10 grados y no está lloviendo a cántaros, corre 5 kilómetros. Después nutre un diario en el que anota detalladamente los trayectos recorridos junto con las sensaciones, las distancias y la dificultad. Más tarde saca a pasear a su perro, lo vuelve a dejar en casa y coge el tren hasta la estación neoyorquina de Grand Central. Una vez en la agencia, ya puede pasar cualquier cosa, Bierut se siente preparado para afrontar el caos.

Robert Crumb es uno de los más grandes dibujantes de cómic estadounidenses. Su obra es monumental. Crumb se levanta tarde porque se acuesta a las tantas. Duerme poco, pero se echa una siesta todos los días. Sus momentos más fecundos son entre las dos y las tres de la mañana. No puede dejar de asociar el hecho de madrugar con las imposiciones, para él pesadillescas, del colegio y el trabajo. Intenta meditar 35 minutos al día, pero confiesa no conseguirlo siempre. Desayuna mientras lee y después deja pasar un tiempo antes de ponerse a trabajar. Considera que la falta de inspiración nunca es el problema. Su problema consiste en lograr desembarazarse del ego. Reconoce no tener un remedio para ello. Afirma venirse abajo muy rápido por la presión de lo que se espera de él. En efecto, conoció el éxito muy pronto en su carrera. Después de hacerse famoso, el dibujo no ha vuelto a tener el mismo sabor para él. Su rutina es anárquica y desordenada. Él la concibe así. Pasa su tiempo ordenando su cuchitril y luego volviéndolo a desordenar. Deja que la creatividad fluya tal como es: salvaje.[29] Bierut crea un ritual del orden, Crumb un ritual del caos. ¿Cuál será el tuyo?

LA KATA DEL RITUAL SAGRADO

Comienza por observar tus actividades cotidianas. Elige una y otórgale una dimensión sagrada. Puede ser el desayuno, el momento de la ducha o el del afeitado. Haz lo propio con tu actividad profesional. Comienza desde hoy mismo a ritualizarla y a investirla del respeto con que investimos las cosas sagradas.

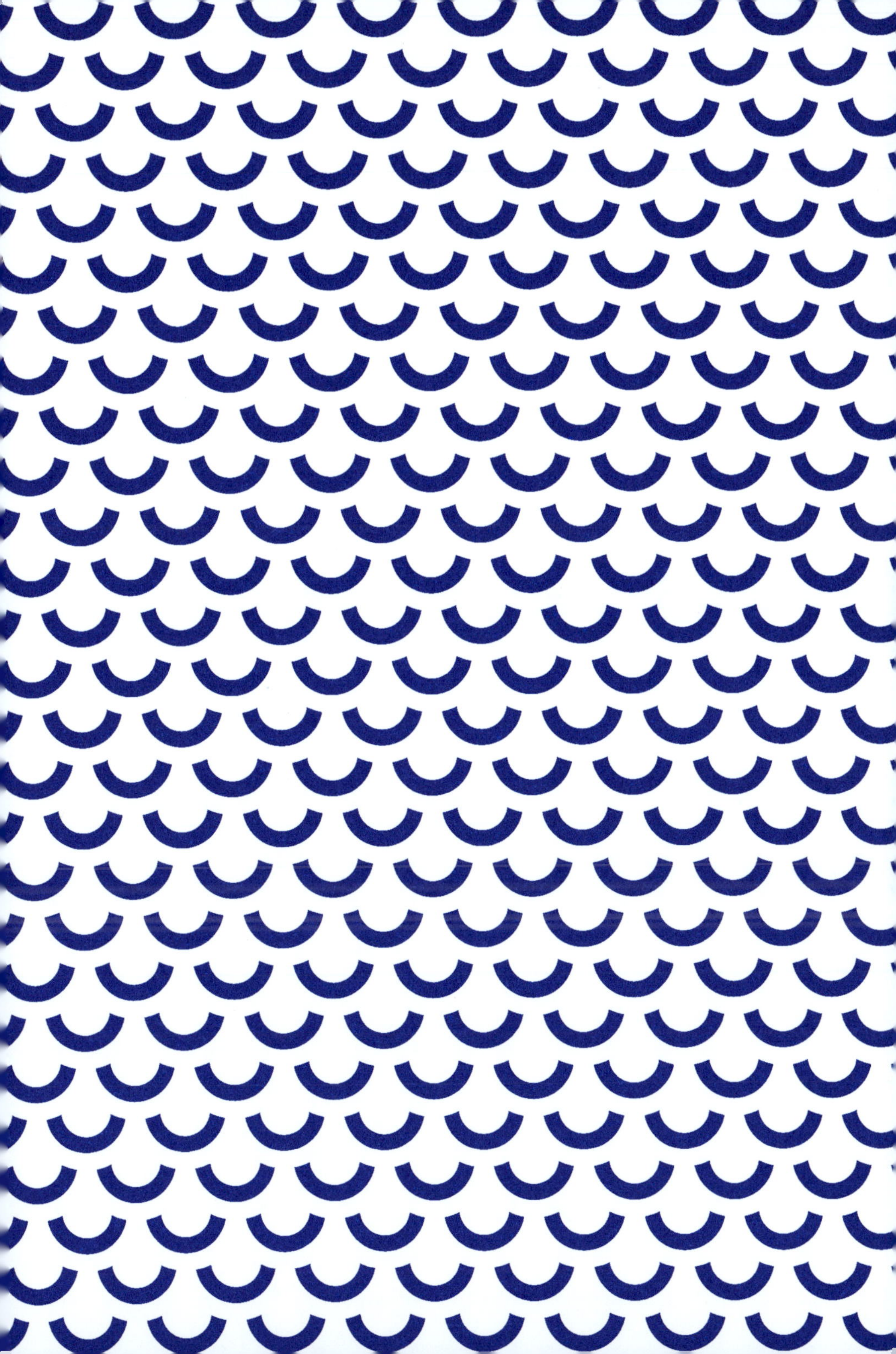

Transgrede

COGE PERSPECTIVA

Si somos conscientes de nuestros pensamientos, es que no estamos hechos de nuestros pensamientos. Es imposible resolver un problema si permanecemos en el mismo plano que el problema. Cambiar la forma de ver las cosas hace que las cosas cambien. El profesional creativo necesita sustraerse de la situación que se le presenta para encontrar la solución. Esta es una de las razones por las que dicha solución suele presentarse en el momento más inesperado. Las etapas son casi siempre las mismas. Hemos examinado nuestro problema desde todos los ángulos. Hemos dibujado, tomado notas y asociado elementos durante horas. Después dejamos todo reposar. Y entonces es cuando la solución se nos ocurre de golpe, mientras estamos en la ducha, mientras acompañamos a nuestros hijos al colegio, mientras salimos a correr o mientras cabeceamos viendo una actuación de *La Voz* en la tele. El pintor Gérard Fromanger no pinta todos los días. Descansa en su taller, lo recorre, lo explora. Hojea libros, los lee por encima. "Pero, aunque parezca que no hago nada, trabajo", explica, subrayando la importancia que tiene su sillón. No pinta más de dos o tres horas al día, el resto del tiempo lo pasa sentado. La primera transgresión es la de aceptar no hacer nada solo por el hecho de hacerlo.

LA TRIBU DE LOS "AL REVÉS"

El escritor Jim Harrison hablaba a menudo de una tribu india que hacía todo al revés: cabalgar, caminar, nadar… Dustin Hoffman encarnaba a uno de sus miembros en *Pequeño Gran Hombre*. Harrison había adoptado esta manera de hacer. Y aconsejaba invertir, por ejemplo, el orden de nuestras comidas. De esta manera tan singular conoció al escritor francés Gérard Oberlé, compartiendo un desayuno que parecía más bien una cena. A las siete de la mañana, un asado, unos quesos y una copa de vino constituyen, en efecto, ¡un señor menú!

El escritor estadounidense John Irving adoptó ese principio hace muchos años y comienza cada uno de sus libros por la última frase. Por lo que respecta a la creación musical, Bob Dylan ha detallado sus numerosos bloqueos creativos durante la producción del álbum *Oh Mercy*. Se le atascó especialmente uno de los títulos. De hecho, había pensado utilizar una vieja técnica que al cantante de *honky-tonk* Hank Williams le había funcionado de maravilla con uno de sus éxitos, "Lovesick Blues". Invertir la estructura de la canción, basándola en el estribillo y convirtiendo las estrofas en estribillos. Se trataba de poner la canción "patas arriba". Stefan Sagmeister cuenta que su mentor, Tibor Kalman, se vestía de una forma tremendamente insípida, con prendas banales de Brooks Brothers. No solo no tenía ningún estilo, sino que no se cambiaba nunca de traje. Preguntado al respecto, Kalman citaba a Flaubert: "Vístete como un burgués. Piensa como un revolucionario". Malgastar la energía de su extravagancia en su vestimenta resultaba inútil. Esa energía la reservaba para su trabajo. Es lo mismo que dice el modisto Paul Smith. Su actitud y su estilo, muy convencionales, le han ayudado a introducir más fácilmente las extravagancias de las piezas de sus colecciones para hombre.

JOHN HEGARTY

El logotipo de la agencia de publicidad BBH, creado por John Hegarty, contiene la ilustración de una oveja negra.

En 1982, la joven agencia participaba en su tercer concurso. Se trataba de un *pitch* para la marca Levi Strauss. Para BBH era la primera oportunidad de trabajar con una marca no británica y de alcance internacional. En aquella época, la agencia ni siquiera tenía una oficina propia. Levi's atravesaba un mal momento y la marca se estaba desinflando. El movimiento punk de los años 70 había puesto todo patas arriba, especialmente la cultura estadounidense tal y como la encarnaba Levi's. La estrategia de BBH consiste en resucitar los valores de la firma. Entonces, y con motivo del lanzamiento de un modelo de pantalón vaquero en tela negra, Hegarty concibe un cartel en el que aparecen un montón de ovejas blancas yendo en una dirección y una oveja negra yendo en la dirección contraria. El eslogan era el siguiente: "Haz zig cuando todo el mundo haga zag". El pantalón en cuestión ni siquiera aparecía en el cartel. La campaña invertía el modo tradicional de vender vaqueros. A los directivos de Levi's les costó aceptar la idea, pero finalmente cedieron, hasta el punto de que el presidente llegara a asegurar que el cartel expresaba la esencia misma de la marca. La oveja negra es también la esencia del espíritu de BBH y se ha convertido en el símbolo del propio John Hegarty.

ATAK

Final el por comienza. Revés al trabaja, bloqueado
estés que día un. Final el por libro tu comienza.
Abajo cabeza poniéndola página la trabaja, revista
de portada una diseñando ideas sin quedes te
cuando.[30]

Sigue siendo un principiante

OBSERVA EL BAMBÚ

Según Shunryu Suzuki: "El espíritu del principiante contiene muchas posibilidades, pero el del experto contiene pocas". Adoptar el espíritu del principiante implica ser capaz de conservar una actitud atenta y abierta. La fuerza del hábito y el miedo nos pueden hacer perder ese espíritu. En el estadio último de nuestra comprensión, no hay ni sujeto ni objeto de la experiencia. Solo existe la propia experiencia. Hay, por tanto, que olvidar en cierto modo la técnica y el objeto. Como dice el maestro Kenzo Awa: "Observa el bambú durante 10 años, conviértete en bambú tú también, después olvida y ¡pinta!". El espíritu del principiante engloba una gran parte de los principios que hemos descrito hasta ahora. Implica conservar la postura justa y cultivar el desprendimiento para inscribirse en el ciclo del don, aceptando no ser más que una conexión. Paula Scher se puso a pintar mapas dejando de lado todo lo que había hecho hasta entonces. Tony Parker aceptó aprender una nueva técnica de tiro empezando de cero. A mediados de su carrera, el futbolista italiano Andrea Pirlo se dedicó a trabajar durante dos horas su técnica de golpe franco para convertirla en una de sus armas más temibles. Stefan Sagmeister cierra su estudio con frecuencia y se toma un año sabático para realizar documentales. O el mismo Mark Knopfler, en la cima de su carrera, dejaba atónito a Eric Clapton por el rigor de sus ejercicios matinales, pues se ejercita cada mañana como un joven estudiante trabajando los estilos que aún no domina (flamenco, celta...).

EL SÍNDROME DEL SEGUNDO DISCO

"A veces, mi esfuerzo por escribir se torna tan fluido y tan liso, que arranca demasiadas cosas de mí de golpe, y duele. ¡Es demasiada maestría! Junto con esa sensación está el miedo de no ser *perfecto*, cuando, antes, lo bueno era lo bastante bueno y lo justo era lo bastante justo. También está la reticencia a embarrar el blanco del papel con imperfecciones. Esta es la maldición de la vanidad, lo sé." Lo que Kerouac señala aquí es cómo, paradójicamente, cuanto más desarrollado está nuestro dominio de una disciplina, más se puede reforzar nuestro anhelo de perfección. Es el síndrome del segundo disco para los músicos, o del segundo libro para los escritores, cuyo arquetipo es la autora Harper Lee, incapaz de escribir después de su primera novela, *Matar un ruiseñor*. Incluso si hemos logrado abatirlo una vez, nuestro dragón se levanta cada mañana para desviarnos de nuestra verdadera misión.

PEQUEÑA MUERTE

El espíritu del principiante conlleva una postura de humildad. Libérate de tus pensamientos, de lo que piensas sobre ti mismo, de lo que piensas que los demás piensan o van a pensar de ti, de aquello que nuestra sociedad nos ha inculcado que tenemos que hacer para triunfar. Créate tu propia cultura, tus propios métodos. Cada instante es una nueva partida, un nuevo momento en el que todo vuelve a empezar, en el que el mundo vuelve a crearse y se transforma en algo totalmente diferente de lo que había sido hasta ahora. La única continuidad es la de tu experiencia. Eres todo lo que hay. El espíritu del debutante implica también aceptar el hecho de no alcanzar lo que las cosas vayan a ser. Es aceptar que nuestra conciencia es infinita y que no sabremos limitarla. Como dice Suzuki, conservar el espíritu del principiante es lo más sencillo y, al mismo tiempo, lo más complicado. Es la quintaesencia del espíritu zen. Debemos aceptar el fin de las formas, la muerte. El final de cada forma nos indica la vía del desprendimiento. No somos lo que desaparece, somos el testigo de esa desaparición.

FRANCIS FORD COPPOLA

En *Corazones en tinieblas*,[31] el documental sobre el rodaje de *Apocalipsis Now*, el director Francis Ford Coppola habla del proceso creativo como un proceso de transmutación.

Para el realizador, se trata de un renacimiento, la muerte de una forma precedente. Coppola explica cómo en un momento del rodaje por poco se deja arrastrar por el miedo a perderlo todo. Consideraba que el final de la película no estaba a la altura. Ya no sabía dónde iba. Su proyecto se derrumbaba. Pero entonces decidió dejar de combatir sus miedos y someterse a ellos. Los aceptó y decidió aprender de ellos. Aceptó, completamente y por encima de todo, la incertidumbre. Adoptó la actitud del principiante y escuchó lo que la historia que estaba rodando tenía que decirle. Como Philippe Djian, dejó que su historia se desarrollara por sí misma, plano a plano, escena a escena. Como dice el personaje interpretado por Matt Damon en la película *Marte* de Ridley Scott: "Solo hay una cosa de la que puedes estar totalmente seguro, y es que en un momento u otro de tu aventura, te enfrentarás a una dificultad que parecerá insuperable".

LA KATA DEL PRINCIPIANTE

Construye a partir de tus debilidades. Parte de las que, según tú, constituyan tus mayores carencias y acentúalas. Conviértelas en tus principales virtudes. Si eres diseñador gráfico, por ejemplo, y consideras que el logotipo de tu cliente es su punto más débil, inicia tu reflexión a partir de este elemento, acentúalo y construye algo sirviéndote de él.

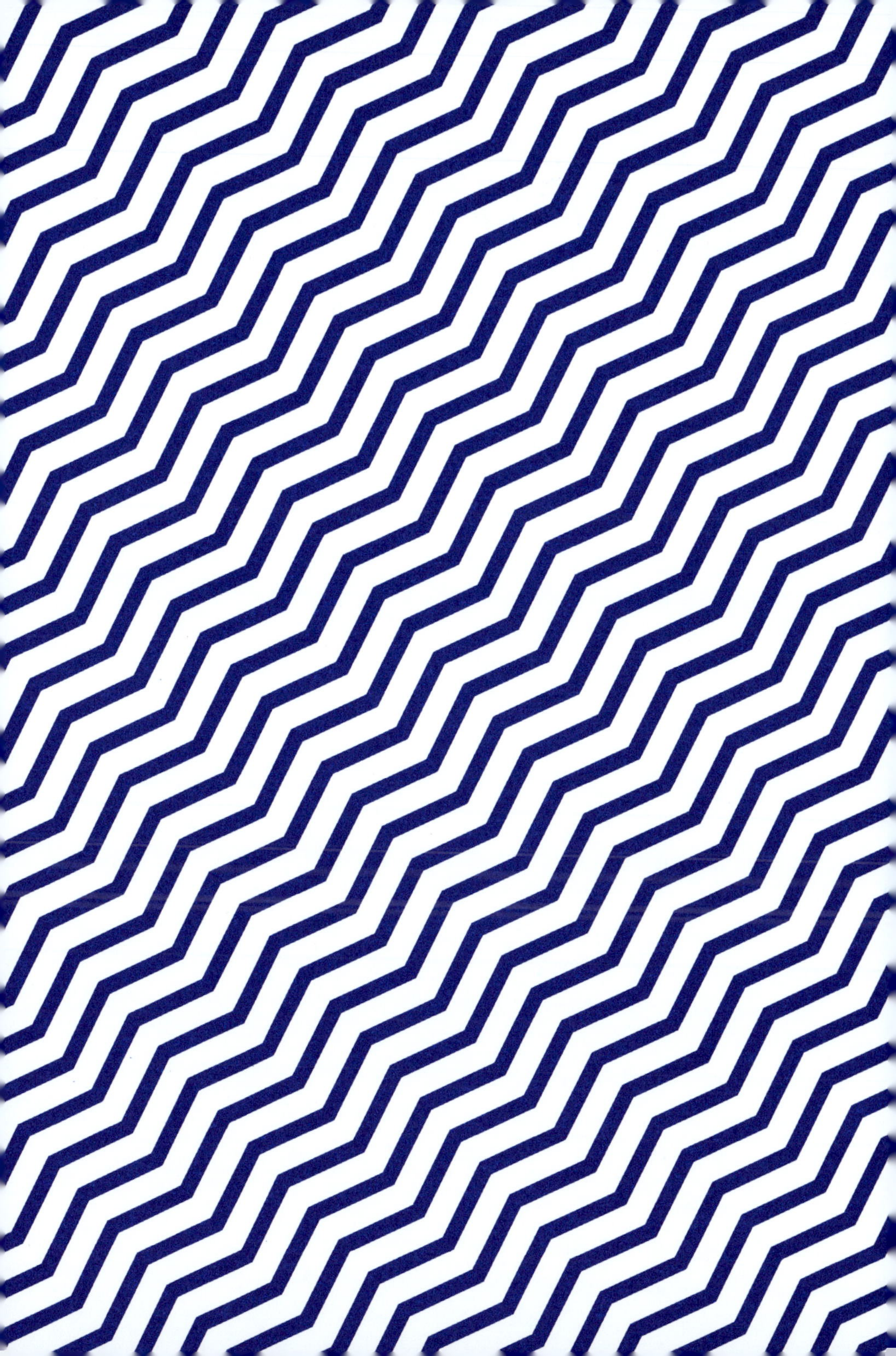

Apunta
al infinito

MÁS ALLÁ DE LA META

Muchas personas quisieran tener un buen nivel como practicantes de sus respectivos campos, pero pocas consideran el sacrificio que requiere lograr tal cosa. Sea cual sea la meta que te propongas, la conseguirás. Como el tirador de arco, tienes que adoptar el principio del desprendimiento y aceptar la idea de que el blanco no es el objetivo. El objetivo está más allá. Como dice el maestro del tiro con arco Kenzo Awa: "Tus flechas no llegan, [...] porque espiritualmente no llegas lo suficientemente lejos. Actúa como si el objetivo fuera el infinito".[32] Apunta a lo imposible, porque, en realidad, no existe objetivo demasiado pequeño ni demasiado grande. Lo que cuenta es nuestra intención. Una intención suave y relajada, como la que ponemos en conducir a un niño por el buen camino. Dicha intención se manifiesta en la acción, y de esta acción nace el desprendimiento. Así, puedes tener la mayor de las ambiciones, pero para cumplirla deberás partir de la intención más sencilla. El autor Jean Echenoz a eso lo llama "la insistencia". El secreto consiste en trabajar todos los días, incluso si al principio es solo una hora, o media horita siquiera. Dedica algunos minutos diarios a tu objetivo más importante. Al principio es cuestión de coger ritmo. Lo que te propongo es que adoptes el principio del "de una vez por todas". Parte de una intención simple, accesible y medible. Comprométete, por ejemplo, en el transcurso de la siguiente hora, a escribir ese párrafo, a maquetar esa página, a editar ese fotorreportaje o a esbozar esa ilustración. No abandones tu plan de trabajo hasta que hayas concluido la tarea. Pronto comprobarás cómo pasarás de cumplir con el 40 % del objetivo en una hora a cumplir el 60 %, luego el 80 % y así cada día hasta lograr el 100 % prácticamente cada vez. Aférrate bien a esta intención, es sagrada.

ATENCIÓN SIN LÍMITE

A la edad de ocho años, el escritor Jacques Lusseryan perdió la vista en un accidente. Para él, este hándicap no fue nunca tal. A propósito de su ceguera, Lusseyran dice "Sé que esta historia, que esta experiencia, es la mayor de mis suertes".[33] Asegura, de hecho, no haber dejado nunca de ver. "En lugar de obstinarme en tratar de seguir el movimiento de la vida física ahí afuera, miré hacia dentro, hacia el interior. [...] En ese mismo instante descubrí la luz y la alegría."[34] Lusseyran, ciego, no intenta aferrarse al mundo, sino que deja que el mundo venga a él. Esta actitud le otorga una agudeza y una capacidad de desprendimiento excepcionales. En 1941 crea un grupo estudiantil de resistencia contra la ocupación nazi que, dos años más tarde, contaba con casi 600 miembros. Lusseryan edita y difunde *Le Tigre*, un periódico clandestino que será el origen del diario *France Soir*. En 1944 es traicionado, detenido y enviado al campo de concentración de Buchenwald, donde, a pesar de su discapacidad, será uno de los 20 únicos supervivientes franceses en el momento de la liberación. Lusseyran nos enseña a no limitarnos en función de nuestras propias limitaciones corporales. Nuestros ojos nos empujan a interpretar el mundo como algo exterior a nosotros, mientras que nuestra atención, una vez liberada, es infinita, no posee ningún límite tangible. Nuestra meta no está ni en el exterior ni en nuestro interior: "También en mi caso, el universo me aguardaba en alguna parte, en una zona inextricablemente intermedia entre el interior y el exterior".[35]

JONNY WILKINSON

Desde su más tierna infancia, Wilkinson tenía decidido dónde quería llegar.

Apunta al infinito. Quiere ser el mejor del mundo. A los 18 años, tras la Copa del Mundo de 1987, anota en un cuaderno sus objetivos: "Voy a ser internacional con Inglaterra, voy a ser el capitán del equipo, voy a participar en la Copa del Mundo, voy a ganar la Copa del Mundo, voy a jugar con los British Lions, voy a ser el número 10 de la selección inglesa y voy a ser el mejor jugador que el mundo haya visto jamás".[36] Una vez concluida su carrera, se da cuenta de que sus objetivos, todos conseguidos, han pasado a segundo plano: ninguno de ellos lo llenó tanto como el simple placer de entrenarse y de jugar al rugby.

LA KATA DEL INFINITO

Formula tu intención tan claramente como sea posible. Anota tus objetivos en un papel, déjalo a un lado y ¡pasa a la acción!

Excede tus funciones

NEUROLOGÍA

Las neuronas que se encienden al mismo tiempo están ligadas entre
sí. Cuanto más utilices una neurotransmisión, más se refuerza. Esa
es la razón por la que, cuanto más practicas algo, más competente
te vuelves. Cuanto más refuerzas tus circuitos neuronales, más posibilidades tienes de liberar otros nuevos para inventar. Como decía
Steve Jobs: "Solo puedes conectar los puntos retrospectivamente,
cuando miras hacia atrás". Lo que significa que no debes dudar a la
hora de zambullirte en todo aquello que te atraiga, sea cual sea el
campo. A Steve Jobs le fascinaba la tipografía; a Sigmund Freud, la
arqueología; a Paul Smith, el ciclismo. Todas esas cosas que has practi-
cado, que has absorbido, aunque sea durante un corto periodo, están
ligadas unas con otras de un modo natural. El resultado único de esa
unión es aquello que te constituye.

FUTBOLOGÍA

La extralimitación de funciones es también un término deportivo. Los
equipos como el F. C. Barcelona o el Bayern de Múnich de Pep Guardiola son colectivos en los que los jugadores exceden las funciones
que les son asignadas. Un defensa, por ejemplo, puede ir más allá de
su papel en cualquier momento. Puede avanzar unos metros de más,
crear un desajuste o provocar una superioridad numérica en el área
contraria. En esos casos, su equipo tiene que adaptarse. Tiene que
acompañar ese exceso en sus funciones y organizarse de tal manera

que no solo potencie la eficacia de esa maniobra, sino que impida que se desequilibre la organización táctica. Los jugadores saben dónde encontrarse en esas situaciones. Hablamos de fases del juego que se trabajan durante horas en los entrenamientos. Cuando se produce una acción que acaba en gol, tenemos tendencia a concentrar nuestra atención en los dos o tres jugadores implicados, cuando muy a menudo es el conjunto del equipo el que ha permitido que se produzca la hazaña individual.

El entrenador de fútbol francés Jean-Claude Suaudeau lo explicaba así: "Se improvisa dentro de la organización, pero no se organiza dentro de la improvisación".[37] Christophe Galtier, exjugador internacional de rugby y entrenador y comentarista deportivo, dice a menudo que un equipo pierde el partido cuando sus jugadores se salen del momento presente. Cuando dejan de leer el juego de su propio equipo y el del adversario, cuando dejan de estar concentrados en el solo hecho de jugar. Un equipo pierde cuando deja de abstraerse del resultado o de lo que está en juego.

PHILIPPE TORRETON

Cada vez que el actor Philippe Torreton interpreta a Hamlet y llega a la famosa frase de la escena primera del acto tercero, "Ser o no ser", se esfuerza por plantearle la pregunta al público de verdad.

Y espera sinceramente su respuesta. El actor quiere dejar al espectador tiempo para la comprensión y la asimilación de la pieza teatral y para su implicación personal en ella. El objetivo de Torreton es crear un vínculo, una nueva neurotransmisión. Para ello trabaja el silencio y las pausas. Baja la voz para que se le oiga mejor. Afirma dejar de meterse en la piel del actor para meterse en la del espectador. Excede así, por tanto, su función como intérprete y establece una empatía con su auditorio. El público que tenía Shakespeare en su tiempo era, con mucho, más difícil que el de ahora. Su teatro se basa en la voluntad de implicar totalmente al espectador en la obra, una inmersión motivada por el verbo en movimiento.

LA KATA SIN LÍMITES

Pregúntate dónde se encuentra concretamente tu límite. ¿En qué marco te sitúas? ¿Cómo podrías ampliar ese marco, ahora? Haz cosas que excedan tus funciones. ¿Qué puedes aportar a tu cliente que él no espera de ti?

¿Y si hacemos como Paul Auster?

"Es un transeúnte cortés que abrevia la
despedida para no perderse el momento
en que el pan sale del horno."

RENÉ CHAR

DÍA DE GLORIA

A Paul Auster le encanta contar cómo se hizo escritor. Siendo niño, el autor
era fan del béisbol, coleccionaba todos los cromos y asistía a muchos parti-
dos. En septiembre de 1954, a los siete años, un día sufre unas leves anginas
que le obligan a quedarse en casa. De ese modo, tiene la oportunidad de ver
el primer partido de las Series Mundiales (el campeonato estadounidense)
que emiten ese día por televisión. Se trata de un partido histórico. Un jugador
muy famoso, Willie Mays, logra una de las recepciones más legendarias en la
historia de ese deporte, que será conocida a partir de entonces como "The
Catch" ('la Recepción'). Al término del encuentro, Mays recibe el Guante de
Oro como mejor jugar del partido. Pero ese día es igualmente histórico por ser
aquel en el que Willie Mays se convierte en el héroe del pequeño Paul Auster.

DÍA DE LLANTO

Durante la temporada siguiente, unos amigos de los padres de Paul, abonados
a los Giants, el equipo de Mays, le invitan a un partido. Por casualidad, al final
del mismo, al salir del estadio, Auster se cruza con su héroe. Reuniendo todo el
valor del que es capaz, se atreve a acercarse a él y le pide un autógrafo. Mays
accede gustoso y le pide un bolígrafo. Auster, horrorizado, se da cuenta de
que no tiene uno a mano, ni tampoco su padre ni su madre. Mays le dice: "Lo
siento, hijo, ¡sin bolígrafo no hay autógrafo!", y se va. El pequeño Auster queda
desolado. De camino a casa, llora en el coche. A partir de ese momento decide
llevar siempre un bolígrafo consigo. Quiere estar siempre listo y que jamás
vuelvan a pillarle desprevenido. Auster cuenta que, para él, ese es el día en que
se convirtió en escritor.

52 AÑOS...

En 2006, en un festival literario, Auster se cruza con una autora que tiene unos amigos que son vecinos de Willie Mays. Auster le cuenta su historia. La autora llama por teléfono a sus amigos y les pide que compren uno de los libros de Auster y que llamen a la puerta del anciano jugador, que por entonces tiene 75 años. Los amigos hacen lo indicado. Después contarán cómo Mays, tras escuchar la historia, se sentó y se puso a llorar, sin dejar de repetir: "52 años, 52 años...". Después cogió una pelota de béisbol y la firmó para el escritor.[38] ¡Estate preparado!

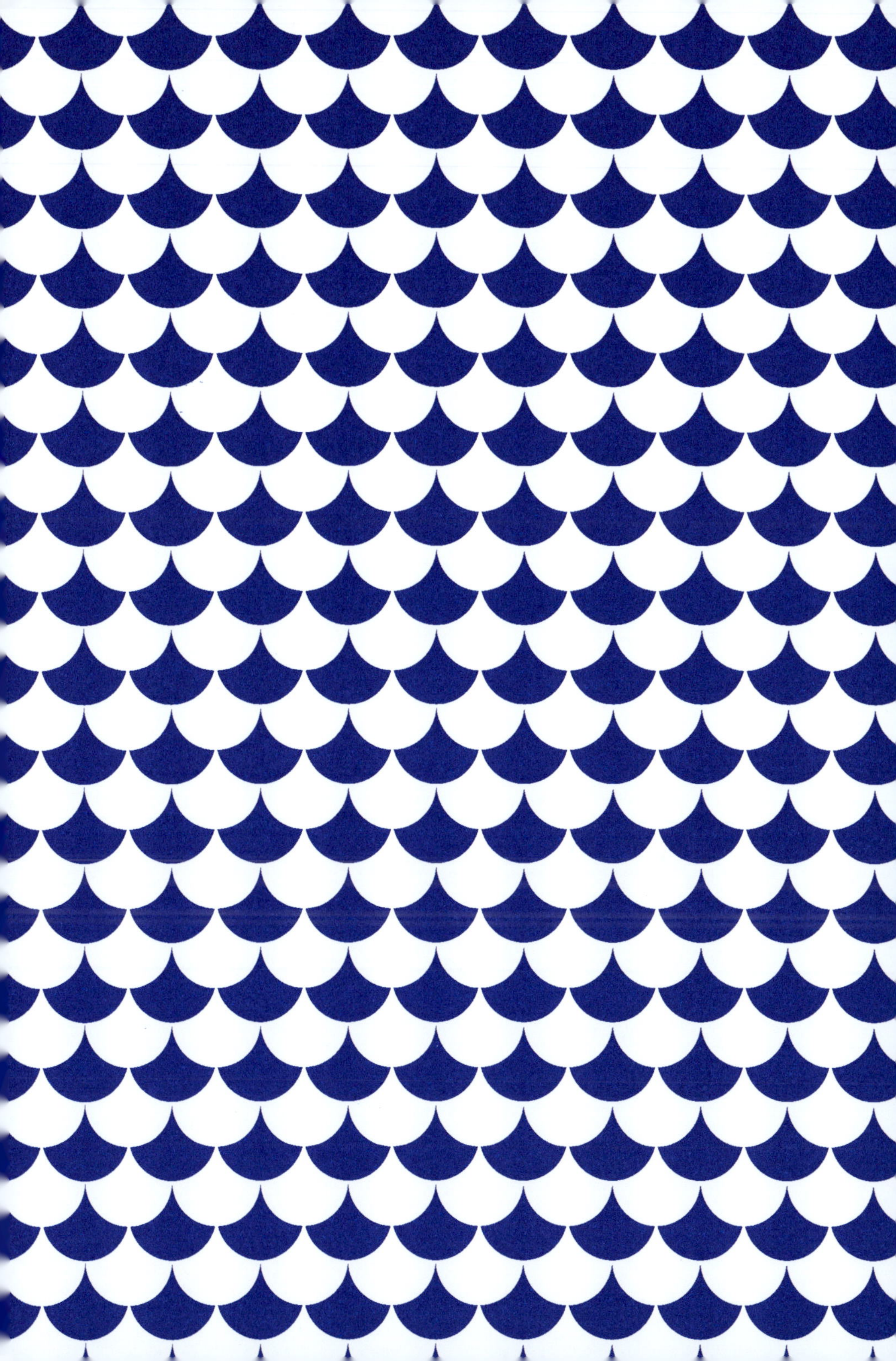

Cuenta una historia

EL PODER DE LAS HISTORIAS

Somos una construcción narrativa. El mundo del pensamiento está tejido de historias. Apenas nacemos, se nos otorga un nombre, heredamos los apellidos de unos padres inscritos, por su parte, en un linaje familiar. Nacemos en un barrio, en una localidad, en una región, en un país, en un planeta. Todos estos elementos son etiquetas, piezas de construcción narrativas que contiene un relato. Se fundan, para empezar, en mitos, desde las leyendas hasta la propia Historia con *H* mayúscula. Las historias nos permiten dar sentido a la existencia. Nos ayudan, también, a tomar posesión del espacio y del tiempo. El ser humano es la única especie animal sobre la faz de la Tierra que tiene conciencia de tener un destino.

Tenemos que ser capaces de percibir esta "trama" narrativa y de hacer de ella una herramienta. El relato es una de las técnicas más eficaces para expresarnos y comunicarnos con nuestros semejantes. Ha sido refinada durante milenios y se sigue renovando. Si logras dominar su arte, serás capaz de compartir tu visión con el mayor número posible de personas. Hubert Reeves, por ejemplo, siempre sintió la necesidad de implicarse personalmente en la transmisión del conocimiento astronómico. Explica que es así como prolonga el disfrute que le proporcionaban las historias que le contaba su abuelo cuando era pequeño.

JESSICA WALSH Y TIMOTHY GOODMAN

Jessica Walsh y Timothy Goodman son dos diseñadores neoyorquinos.

Jessica, socia de Stefan Sagmeister, se describe como una romántica empedernida que se entrega en cuerpo y alma y demasiado rápido en todas sus relaciones amorosas. Timothy, diseñador gráfico e ilustrador independiente, tiene miedo del compromiso y una tendencia a multiplicar las aventuras paralelas. En julio de 2013, fatigados por el proceso de citas amorosas, los dos amigos decidieron poner en marcha un experimento y salir juntos durante 40 días. 40 días es, según una teoría científica, el lapso necesario para dejar un mal hábito o adquirir uno nuevo. Tras unas cuantas citas, como es de esperar, al principio se ven juntos de verdad. Pero la relación, nacida artificialmente, no dura. La pareja rompe a los pocos días de cumplirse el plazo establecido. El experimento fue retransmitido a diario en un blog creado para la ocasión. Cada día, las dos autocobayas respondían las preguntas de un mismo cuestionario. Cada entrada estaba ilustrada por diferentes amigos diseñadores y aderezada con vídeos, fotos, diseños u objetos de recuerdo. Margaret Rhodes, periodista de *Fast Company Magazine*, describe esta experiencia como un nuevo avatar del arte de narrar historias (*strorytelling*) en la era digital. El propio Timothy Goodman ha explicado: "En muchos sentidos, no hemos hecho sino retomar la receta de una historia tradicional, a la manera de *Cuando Harry encontró a Sally* o *Annie Hall*. Pero hacerlo online ha dado al relato una forma de realidad web". Todo el interés de la historia, por lo demás clásica, radica en que los protagonistas no son actores, sino personas reales. El blog atrajo a miles de fans cada día. El hecho de contar esta historia de esta forma permitió a los dos creativos dar sentido a su proceso personal. La aventura les ha permitido desarrollar sus aptitudes profesionales y les ha abierto nuevos campos de expresión y de creación.

LA KATA DEL NARRADOR

Descubre el tema de tu relato. Como sucede en las fábulas de La Fontaine, el tema constituye la moraleja de tu cuento. Observa las diversas tramas narrativas que se desarrollan a tu alrededor y dentro de ti mismo. Cuando tengas que explicar tu enfoque, no dudes en organizar los acontecimientos, en describir los personajes que intervienen en ellos. Y, por cierto, ¡deja de explicar las cosas y muéstralas!

Ama a tus
clientes

DEL AMOR

¿Y si todo este asunto de la creatividad que hemos ido abordando hasta ahora se tratara, en realidad, de una simple cuestión de amor? Un amor desinteresado y puro por aquello que somos, por aquello que hacemos y, sobre todo, por las personas para las que lo hacemos. No es más que eso lo que nos dice el diseñador gráfico francés Vincent Perrotet cuando declara que todo su trabajo se basa en la amistad: "Mi trabajo no tiene nada que ver con 'el trabajo'. En otras palabras, mi trabajo no tiene nada que ver con la jerarquía, la autoridad, el estrés, la frustración, el aburrimiento o el estatus social [...]. Mi trabajo implica pasar tiempo con alguien, y ese alguien es siempre un amigo en potencia".[39] Este amigo es, por supuesto, un cliente, un compañero o incluso uno mismo.

DEJA QUE LA CÓLERA SE ENFRÍE

Solo se pueden producir grandes trabajos con clientes que te gustan. Stefan Sagmeister interrumpe regularmente su actividad profesional como diseñador para tomarse años sabáticos. Esos periodos le permiten tomar perspectiva sobre su trabajo. En un principio pensaba que, gracias a esos momentos alejado del tumulto, podría aplacar su cólera respecto a ciertos clientes. Pero no resultó ser así. Cuando se tomó ese tiempo para examinar más de cerca su ira, se dio cuenta de que no iba dirigida contra sus clientes, sino contra sí mismo. Comprendió que se trataba de un sentimiento autónomo que se desplegaba en él sin razón aparente, como se torna oscuro el cielo cuando se aproxima una tormenta. Desde entonces, se propuso ser capaz de detectar cuándo emerge esa cólera, de observar cómo se despliega y de dejarla pasar. Seguro que estás pensando que no es posible querer a todo el mundo. Eso solo es cierto desde el punto de vista de un cuerpo y una mente separados del mundo exterior. ¿De verdad resulta que no aprecias a ese cliente? ¿No tendrá que ver más bien contigo mismo y con el rechazo que te genera enfrentarte a ese nuevo reto? ¿No será de nuevo tu dragón, que despierta y vuelve a interponerse en el camino de tu obra? ¿Eres capaz de dominar esa cólera? ¿O no basta con reconocerla como tal y dejar que desaparezca por sí misma, pasando a la acción?

MILTON GLASER

El diseñador estadounidense Milton Glaser explica cómo, en los inicios de su carrera, pensaba que la profesionalidad implicaba guardar cierta distancia en el trato con los clientes.

Después de unos cuantos años de práctica, se dio cuenta de que todos los trabajos significativos que había producido derivaban de una relación afectiva con su cliente. Más allá del afecto, se trataba también de una complicidad, de una visión compartida del mundo y de aquello que precisaba un buen trabajo.[40] Podemos encontrar la manera de suscitar en nosotros el afecto por cada cliente o, mejor, por cada misión en la que nos embarquemos. Más allá del aspecto económico, cada encargo supone para nosotros una oportunidad de mejorar como profesionales. Como decía Gandhi, la mejor manera de cambiar el mundo es ser ese cambio. Para ello, tenemos que superar nuestros condicionamientos y nuestros a priori.

LA KATA DEL AMOR

Haz como Sagmeister, observa tu cólera cuando la sientas aparecer. Hazlo sobre todo en aquellos momentos en los que se ponga en cuestión tu trabajo. Observa esas manifestaciones en tu cuerpo, escucha la voz que te susurra que no han comprendido nada o que no tienen la competencia necesaria para juzgar la calidad de lo que has producido. Entonces cambia de punto de vista. Sepárate de ese sentimiento colérico. No eres eso. Sepárate también de aquello que has producido. ¿Cómo puedes ayudar a tu cliente? ¿Cómo te dice que se puede mejorar tu trabajo?

Date un 10 sobre 10

NO DEPENDAS DE UNA RECOMPENSA

Nuestro sistema educativo tradicional no favorece la creatividad.
El sistema de calificación obliga al estudiante a plegarse a las reglas.
Los mejores alumnos serán siempre aquellos que comprenden,
aceptan y adoptan este sistema, los que asumen menos riesgos. Ese
método fue creado para producir trabajadores asalariados. En efecto,
la empresa funciona exactamente de la misma manera: entrevistas
individuales, promociones, aumentos... Todo está pensado para que,
como si fuéramos animales salvajes amaestrados, acabemos depen-
diendo de esas golosinas. Desarrollar nuestra práctica profesional
orientándola hacia esas recompensas destruye nuestro potencial
creativo. Así, Tibor Kalman aconsejaba al joven Stefan Sagmeister,
cuando este trabajaba como *freelance* para agencias de publicidad,
que no se gastara todo el dinero que ganaba con ellas, para evitar así
convertirse en su esclavo. Esas recompensas nos vuelven adictos y,
paradójicamente, también pueden paralizarnos del todo, aniquilando
nuestra capacidad de iniciativa y nuestra imaginación. Como dice el
escritor estadounidense Elmore Leonard: "Debes desconfiar de la
gente que conoce las reglas y que tiene prisa por a aplicarlas".[41]
Por suerte, son cosas que tienden a evolucionar. Así, por ejemplo,
en París nos encontramos con l'École 42, un centro que imparte
programación informática de manera gratuita y totalmente abierta,
si necesidad de un título. Está abierta las 24 horas del día y los alumnos pueden vivir, comer y dormir allí en un dormitorio improvisado.
Por encima de todo, l'École 42 encarna un nuevo espíritu, una nueva

forma de pedagogía, sin jerarquías ni profesores. Los estudiantes se implican de una forma fuera de lo común. Aprenden de manera continuada y se ayudan mutuamente, sea cual sea su nivel al inscribirse.

. . . .

ROSAMUND Y BENJAMIN ZANDER

Benjamin Zander es un director de orquesta británico.

Enseña su oficio en la Royal Academy de Londres y ha impartido cursos de interpretación en el conservatorio de Boston. Es autor, junto con su esposa, Rosamund Stone Zander, del libro *El arte de lo posible: transformar la vida personal y profesional*. En él evocan a Miguel Ángel, quien decía que en el interior de cada bloque de mármol puro habita en potencia una estatua magnífica. Los Zander parten del principio de que en el interior de cada uno de nosotros habita un formidable talento creativo. Solo hace falta apartar todo aquello que nos impide desplegarlo. Zander explica que, al comienzo de cada curso académico, los estudiantes de su asignatura de interpretación están paralizados por todo lo que se juegan. Él, sin embargo, les asegura desde la primera clase que todos sacarán un 10 en la asignatura. Pero para obtener esa nota, los alumnos deben cumplir con una sola condición: todos deben escribirse a sí mismos una carta, fechada con el último día de curso, en la que describan detalladamente cómo han llegado a merecer esa calificación. Cada alumno debe explicar la rutina que ha seguido, los ejercicios diarios que ha hecho, la actitud que ha cultivado para con los demás compañeros, los profesores y su entorno. Cada estudiante debe, asimismo, describir para qué le va a servir haber obtenido ese 10, las oportunidades que se le van a presentar a partir de entonces, las piezas que será capaz de interpretar. Debe pasar revista a los descubrimientos que hará durante el camino y a las etapas más importantes de su recorrido. Zander quiere que los aprendices se enamoren apasionadamente de la persona a la que describen en esa carta. Les brinda así las instrucciones para triunfar, pero sin imponerlas. El estudiante se da cuenta así de que tiene todas las cartas en su mano y de que sabe perfectamente lo que tiene que hacer, sin que ningún profesor o ninguna otra figura de autoridad se lo tenga que decir. Es un método para poner nuestras resistencias en su sitio y como lo que son: una pura invención de nuestra mente.

LA KATA EPISTOLAR

Diviértete escribiendo. Poco importa que seas un principiante o un experto. Ponle a la carta la fecha del último día del año y explícate qué vas a hacer para tener un año excepcionalmente creativo.

Vete a dar una vuelta

ABURRIRSE

El proceso creativo, tal y como lo teoriza Edward de Bono,[42] se compone de dos etapas, la divergencia y la convergencia. A su vez, cada una de estas etapas consta de dos partes, respectivamente: la exploración y la asociación en el caso de la divergencia, y el arbitraje y la ejecución en el caso de la convergencia. Para el creativo, la etapa de la divergencia concluye casi por sí misma cuando siente que ha agotado todas las posibilidades de asociaciones. Alcanza un estado en el que parece que todo está perdido y que nunca encontrará la solución a su problema. Ese es el momento de dejarlo todo y de salir a dar una vuelta. Eso es lo que hacía Stephen King cuando se notaba bloqueado durante la escritura de su novela *Apocalipsis*: "Y sin embargo llega un momento en el que ya no puedo escribir más, porque ya no sé qué escribir [...] pero no puedo hacerme a la idea de desistir [...]. De modo que, en lugar de pasar a otro proyecto, doy largos paseos a pie [...]. El aburrimiento puede ser maravilloso para un creador durante un *impasse*. Así que me pasaba el tiempo aburrido durante esos paseos [...] hasta que un día, cuando no estaba pensando en nada interesante, la respuesta me vino sola a la cabeza. Llegó íntegra, envuelta en papel de regalo, podríamos decir, como un relámpago brillante".[43]

ACOMPÁSATE AL DIAPASÓN DEL MOVIMIENTO

Cada vez que Steve Jobs tenía una decisión importante que tomar, un problema que resolver o una entrevista que dar, salía a caminar, solo o con la persona implicada. Walter Isaacson, su biógrafo, lo explica desde el comienzo del libro:[44] "Yo no sabía todavía que su manera preferida de mantener una conversación era hablar mientras daba largos paseos". Jobs había desarrollado este hábito en su etapa escolar, cuando no dudaba en recorrer a pie todas las mañanas las 15 manzanas que le separaban de su colegio.

Fue durante uno de esos largos paseos cuando sedujo y convenció a John Sculley, entonces CEO de Pepsi-Cola, para que se uniera a él en Apple. Hizo lo mismo cuando tuvo que negociar con Bill Gates algunos detalles estratégicos. Bob Dylan también nos cuenta que esta es una de sus herramientas: "[Las canciones] son países desconocidos en los que uno se adentra. Uno puede escribir en cualquier sitio: en el compartimento de un tren, en un barco, a caballo; el movimiento siempre ayuda. Las personas que poseen un maravilloso talento como autores-compositores no escriben nunca porque se quedan quietos". Integra el movimiento en tu práctica, es vital. Las ideas circulan, son como un oleaje, como un flujo. El hecho de caminar, de montar en bicicleta o incluso de correr te permitirá engancharte al ritmo de esa corriente.

DANTE, HARRISON Y AUSTER

Dos escritores terminan de convencernos.

En primer lugar, Paul Auster admite levantarse todo el rato durante su jornada de trabajo. El hecho de moverse parece ayudarle a liberar su mente y a liberar las palabras. A Auster le gusta citar al poeta ruso Osip Mandelstam y su libro *Conversaciones sobre Dante*, en el que este afirma que la poesía de Dante está tan imbuida del ritmo del caminar que se pregunta: "¿Pero cuántos pares de sandalias tuvo que gastar Dante para escribir la *Divina comedia*?". Por su parte, el inmenso Jim Harrison disfrutaba conduciendo por las carreteras de Montana, de pie sobre el asiento, con el techo corredizo abierto y sacando la cabeza por fuera hasta los hombros. Harrison, escritor virtuoso de la inmensidad, pasaba sus días caminado por los bosques, observando con atención a los pájaros, reconociendo las flores o pescando en el rio. Solía decir: "Cuando caminamos por la naturaleza, no la absorbemos, es ella la que nos absorbe".

LA KATA DEL MOVIMIENTO

Después de haberle dado vueltas a tu problema desde todos los ángulos, después de haber probado todas las combinaciones posibles, apárcalo un rato y déjalo estar. Sal a dar una vuelta, coge la bici, ponte las zapatillas de correr o vete a nadar a la piscina. Confía en tu inconsciente y en su capacidad para darte el relevo en el trabajo. ¡Créeme, la mejor forma de pasar a otra cosa es salir fuera a airearse!

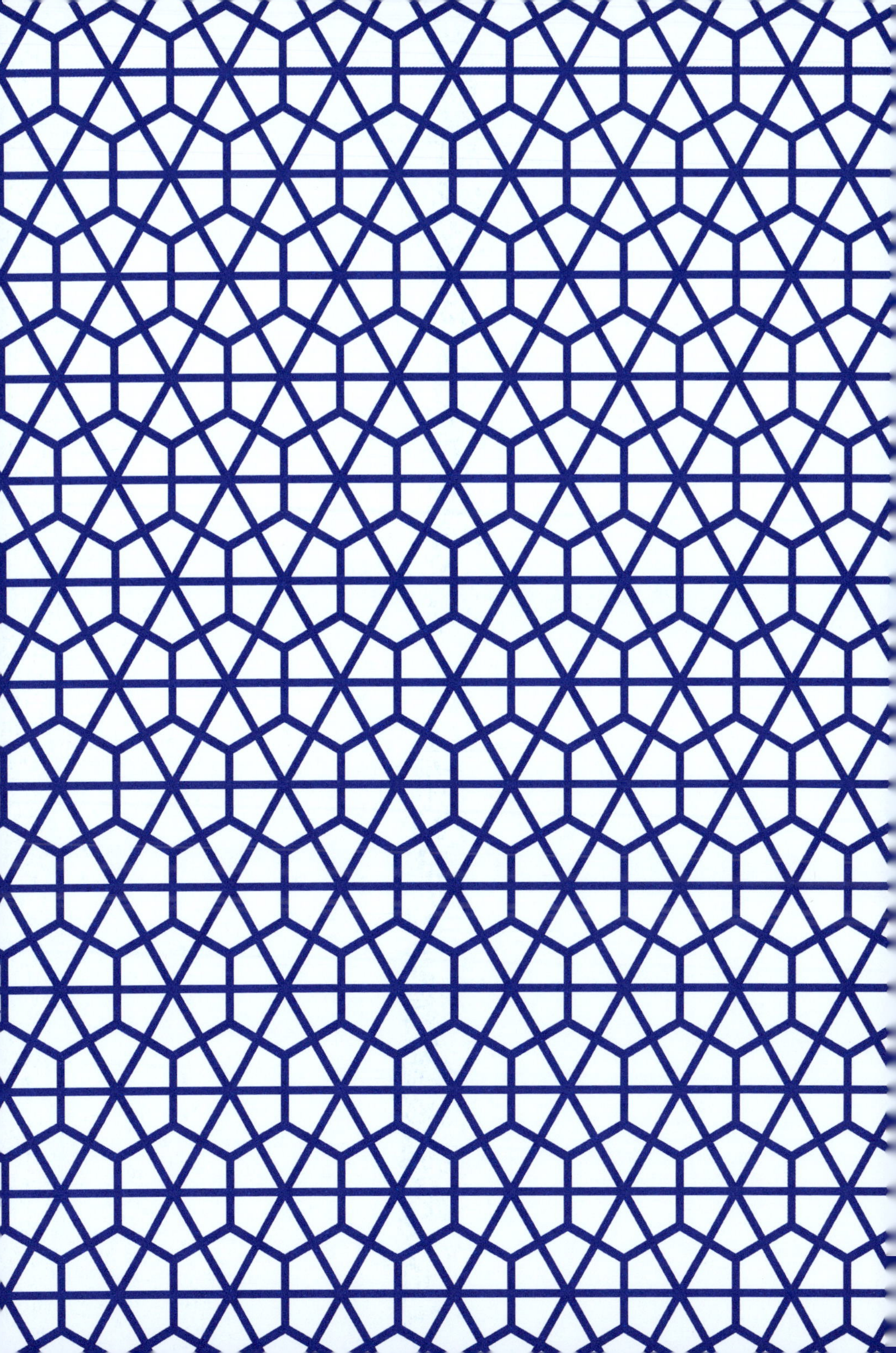

Diviértete

LA RISA DESPREOCUPADA

El mundo quisiera que nos lo tomáramos en serio. La risa es un medio de liberarnos de ese peso. Como nos dice Paul Smith, digno representante del humor inglés: "Mucha gente se toma la vida demasiado en serio y no piensa más que en el dinero [...]. ¡Probad a ser idiotas!".

En la final del torneo de Roland Garros de 2016, Novak Djokovic se enfrenta al británico Andy Murray. Es un partido extremadamente difícil para el jugador serbio, que nunca antes ha logrado conquistar ese trofeo. Pierde el primer *set*, pero se repone y gana el segundo y el tercero. En el cuarto, la tensión alcanza su punto más alto y Murray se defiende con toda la energía que brinda la desesperación. Djokovic se adelanta 5-2 y... esto es lo que cuenta: "Sabía que tenía que darlo todo para ganar ese trofeo, por eso cuando le rompí el servicio por segunda vez y me puse 5-2 arriba en el cuarto *set*, empecé a reír. No sé por qué, pero sentía esa clase de emoción. En realidad no sentía la presión. Tal vez me estaba tomando las cosas demasiado a la ligera y perdí esa ventaja. Andy se envalentonó y peleó cada punto, remontando hasta ponerse 5-4. En ese momento y con 40-15 a mi favor, la tensión y la excitación, todas las emociones... No puedo recordar qué pasó exactamente en ese último punto. [...] Es como si mi mente hubiera abandonado mi cuerpo y como si yo estuviera observando los intercambios de golpes, yendo de derecha a izquierda y esperando que Andy cometiese un error, hasta que se produjo. Fue un momento increíble, uno de los más bellos de mi carrera".[45]

Esa risa expresa, de hecho, el momento en que comienza a relajarse en ese partido de alto riesgo. Aunque él piense que tal vez se relajó demasiado, lo cierto es que Djokovic fue capaz de adoptar, de manera natural, la actitud adecuada, aquella por la cual aceptaba su suerte, fuese cual fuese, desvinculándose del objeto. Esa risa es un primer paso hacia la liberación.

CHAPLIN Y KEATON

Podemos inspirarnos en la actitud que cultivaban Charlie Chaplin y Buster Keaton en su relación con el mundo.

Estos dos genios nos ofrecen dos interpretaciones distintas de lo que está en juego cuando pensamos en nuestro cuerpo como algo completamente separado del resto del mundo. Así, el cuerpo de Charlot es una expresión de tres conflictos permanentes. Como explica el comediante Jos Houben: "Su cuerpo está cortado en dos. Por arriba es reservado y tímido. Su busto y sus hombros expresan una actitud a la defensiva".[46] Mientras que "por abajo, se abre, y es naíf como un bebé". El segundo conflicto es el del un vagabundo que posee las maneras de un caballero inglés. "Se comporta con una enorme dignidad y mucha sofisticación", a pesar de todo lo que le sucede. "El tercer conflicto es el que organiza su cuerpo para avanzar lateralmente." Los movimientos de su cuerpo lo conducen de izquierda a derecha de una manera casi incontrolada, cuando intentar dirigirse hacia delante. Es la encarnación de un conflicto permanente con el mundo. "Desde el momento en que aparece, nos reímos, porque vemos esos tres conflictos." Chaplin encarna, de algún modo, nuestra actitud en cuanto entidades supuestamente separadas. Como espectadores, percibimos el ridículo de esta situación. De manera inversa, Buster Keaton "es completamente neutro. Cuando le vemos no nos reímos, no es gracioso". En su caso, es el hecho de verle en el centro del caos y de la locura del mundo que le rodea lo que nos hace reír. Si se cae, se vuelve a levantar como si no pasara nada. Permanece indiferente a lo que le sucede. No entra jamás en conflicto abierto con el mudo exterior.

En oposición a Chaplin, que existe en su conflicto con el mundo, Keaton no encarna ningún conflicto. Es un cuerpo y una mente separados que soportan el mundo sin tener ninguna influencia sobre él. Se trata de otra forma de caricatura de nuestra actitud hacia dicho mundo, otra postura que igualmente provoca la risa. Ambos genios nos aportan la prueba de la fragilidad de nuestra situación y de la necesidad de liberarnos de ella. Si nos comportamos como si fuéramos entidades separadas del resto del universo, nos convertimos en payasos. Esta toma de conciencia debe ayudarnos a cultivar un espíritu que se distancia de nuestra suerte, sean cuales sean las circunstancias.

LA KATA DE LA COMEDIA LIGERA

Decide dejar de tomarte en serio. Observa cómo te debates en ese supuesto mundo exterior. Comienza por reírte de tus hábitos, de tus comportamientos y de tus dificultades. Inspírate en Mark Twain, quien afirmaba: "Soy un hombre viejo y he sufrido muchos y grandes problemas. La mayoría de ellos nunca sucedieron".

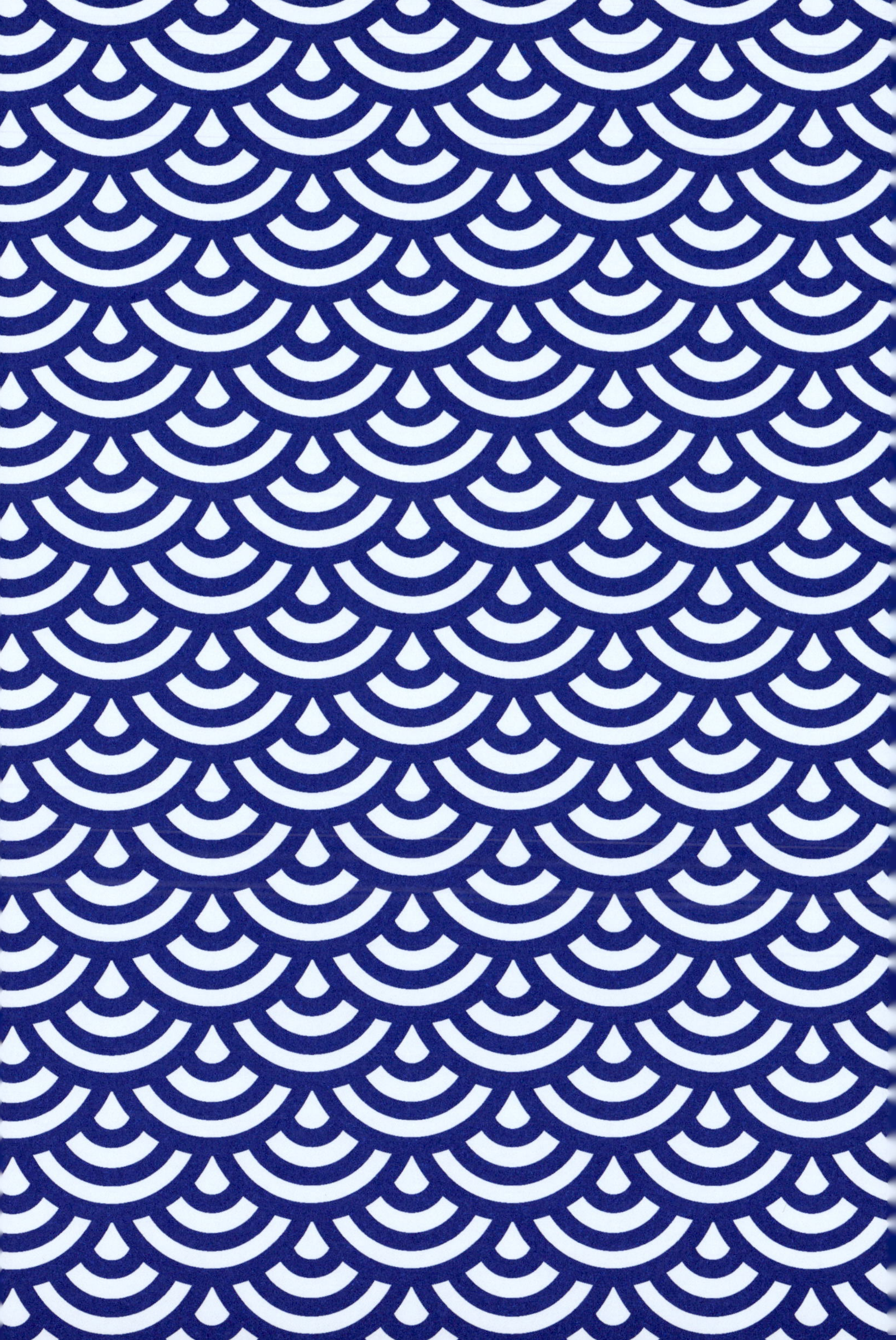

Ten una opinión

JUEGA A SER CASSANDRE

El samurái creativo no pierde el tiempo intentando averiguar si es un artista o no lo es. Es un profesional. Ya responda a una llamada interior o a un encargo externo, conserva siempre esta actitud de distanciamiento para con el objeto. El guerrero creativo sabe que lo único que es el "hacer", y deja que elijan las etiquetas, quienes no perciben la vanidad que hay en ellas.

Cassandre, como también hicieran Toulouse-Lautrec o Savignac, ha diseñado letras que están entre las más bellas del diseño gráfico francés, tanto en sentido literal como figurado. Al principio de su carrera, se vuelca en la pintura, pero termina por enfocarse en su trabajo como diseñador de carteles para asegurarse el sustento. Sigue el consejo de su primer editor, Hachard: "Eso que haces es invendible, pero es prodigiosamente publicitario". Alentado por sus primeros éxitos, Cassandre se forja muy pronto una opinión propia sobre su actividad. Para él, el arte del cartel está mucho más conectado con la realidad cotidiana de la gente que la pintura de caballete. Acepta, sin saberlo, su papel como conexión y baja a la calle para inspirarse en la vida real. Se trata de un compromiso estético, pero también moral. Dicho compromiso se inspira en el pensamiento de Walter Gropius, el fundador de la Bauhaus, quien invita al artista a abrirse de nuevo al mundo y a volver a convertirse en un artesano. Para Cassandre, un cartel "está destinado al vulgo y, por lo tanto, ha de estar necesariamente desprovisto de ese lirismo individual en que se ha convertido el campo propio de la pintura de caballete". Cassandre es uno de los más grandes artistas comerciales que el mundo haya conocido, capaz de elaborar una visión y una convicción sobre su función dentro de la sociedad, dentro de su mundo. "El cartel tiende hacia un arte colectivo y práctico, se esfuerza por eliminar todas las particularidades propias del artista, todos sus tics, todas las marcas de su 'sello'."

EL ESPÍRITU LIBERTARIO

Más cercano a nosotros, siempre dentro del campo del diseño gráfico, Vincent Perrottet ha elaborado también una sólida visión que comparte con nosotros en un texto que puede leerse en su página web.[47] En él se plantea la cuestión de su responsabilidad como diseñador gráfico. Describe la importancia de la relación con el cliente, no como un intercambio de buenos procedimientos, sino como un intercambio de culturas. Opone al enfoque del diseño publicitario el de un diseño socialmente comprometido, consciente e ilustrado. Propugna un método de trabajo epicúreo y un enfoque respetuoso con el medio ambiente. Este compromiso le empuja a ser muy vehemente con los creativos que trabajan para agencias de publicidad. Considera que han sido corrompidos por el liberalismo y la cultura capitalista. Compartamos o no su punto de vista, lo importante aquí es que Vincent Perrottet posee y comparte una opinión sobre su profesión y sobre su papel en la sociedad. Sin duda, su posicionamiento es diametralmente opuesto al de Cassandre, pero eso poco importa. Lo que importa es que tiene un posicionamiento que otorga sentido a su obra. Otro genio del diseño gráfico, Massimo Vignelli, tenía también su caballo de batalla. Asumió como misión eliminar la fealdad de nuestros entornos. Michael Bierut describe a Vignelli como el grafista total.

JAMES VICTORE

Aunque pueda parecer sorprendente, un diseñador gráfico estadounidense como James Victore está muy cerca de este espíritu.

No por casualidad, aprendió el oficio junto al diseñador gráfico francés Pierre Bernard, miembro fundador del colectivo Grapus, al que debemos los célebres carteles de Mayo del 68. Victore dice que ve mucho trabajo y mucho saber hacer puestos al servicio de la realización y de la ejecución, pero que, por el contrario, rara vez ve a alguien que dé su opinión y la introduzca en su trabajo. Señala, por ejemplo, que las críticas que hablan del trabajo de Meryl Sreep en su papel de Margaret Thatcher no hablan jamás de cómo ha interpretado el papel, sino del vestuario de la Thatcher que ha lucido en la película. Victore considera que los diseñadores imaginan su trabajo como algo exterior a sí mismos cuando lo que sucede es justo lo contrario: nuestro trabajo está en nuestro interior.

LA KATA DE LA CONVICCIÓN

Comienza a construir tus propias convicciones sobre cuál es tu función en la sociedad, en tu familia, en tu trabajo. Ponlas por escrito. Haz que evolucionen. Desarrolla una opinión sobre aquello que cabe en tu oficio y lo que no. Incorpora esta opinión a tus trabajos.

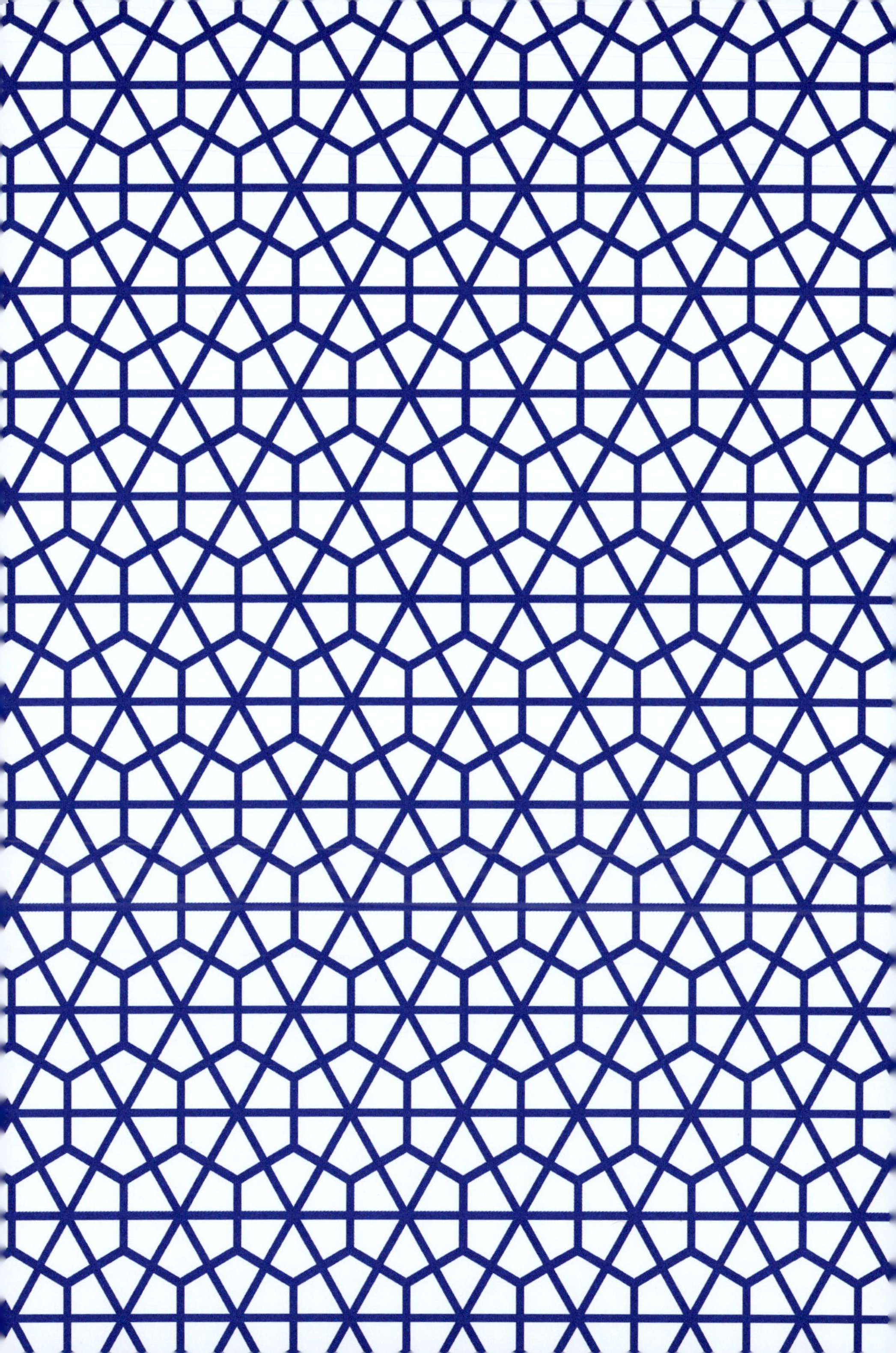

Cae como la nieve

LA LIBERTAD DENTRO DE LOS LÍMITES

Como decía Demócrito: "todo sucede por azar y por necesidad".
Esta frase del filósofo griego resuena armoniosamente con el magnífico proverbio zen sobre los copos de nieve. A los físicos les encanta
examinar los cristales de nieve porque muestran un alto grado de
organización a pesar de ser diferentes los unos de los otros. Las leyes
de la física no imponen más que una condición a los copos de nieve:
tener seis puntas. Una vez cumplen esta constricción natural, pueden
adoptar, dentro de ella, una variedad infinita de formas diferentes.
La necesidad no determina más que una porción de su existencia.
De manera natural, el hombre busca sentido allí donde, en realidad,
no hay ninguno. Nuestra misión en este planeta es sencillamente la
de abrirnos a nuestra naturaleza. Cada acontecimiento, cada circunstancia nos brinda una ocasión de conseguirlo. Como dice el escritor
Mark Lerner, todos vivimos implicados en un proceso de fabricación
de futuras construcciones de nosotros mismos. Somos un proceso de
creación viviente, que evoluciona psicológicamente, biológicamente,
mentalmente y espiritualmente de un instante al otro. La persona
que ves ahora es fundamentalmente diferente de un segundo al otro.
Ese proceso es tan rápido que no somos conscientes de él. El espíritu
humano no puede asirlo. La única cosa que es realmente idéntica, de
un minuto al otro, es la conciencia de nuestra experiencia. Es esa conciencia la que nos proporciona una sensación de continuidad y la que
compartimos unos con otros. Somos, a imagen de la naturaleza, orden
y caos, azar y necesidad.

EL CONFORT DE LA INCERTIDUMBRE

El poema zen citado anteriormente nos dice que cada acontecimiento posee su justa razón de ser, su justa función. Actúa como si todo lo que te sucediera estuviera realmente destinado a sucederte. De hecho, en realidad es así, pues eres el mundo que tú mismo creas. Lo importante es que lo que hagas con aquello que te ocurre no lo que te suceda en sí mismo. Para eso hay que fiarse del propio instinto y adoptar una actitud abierta, convertirse en ese "sí y..." del que hablábamos en el primer capítulo. Debemos igualmente reverenciar nuestra diversidad, nuestra propia capacidad de improvisar y de trazar una vía única. El samurái creativo acepta esta idea y la hace suya; explora la cotidianeidad que se inventa segundo a segundo en el corazón de su experiencia; reconoce que en cada momento se está fundando el momento siguiente. En este sentido, acepta que todos los puntos de partida son válidos y que, como la nieve, todo se coloca exactamente en su sitio como debe ser. Si las cosas no son como quieres que sean, es que el universo tiene proyectos más ambiciosos para ti. Cuando un periodista preguntó a Patti Smith qué consejo podía dar a los jóvenes, he aquí lo que le respondió: "¡Vamos! Experimentarán por sí mismos las sorpresas que reserva la vida y aprenderán de sus propios errores". Así es como maduramos. ¡Así que déjate llevar! ¡Observa, toma nota y conecta! Acepta la incertidumbre, es la condición misma de nuestra experiencia. También puedes decirte a ti mismo que cuantas más cosas te parezcan inciertas, más seguro te puedes sentir. ¡Entra en el campo de todos los posibles y acepta el gozo de estar abierto a una infinidad de elecciones!

HUBERT REEVES

Hubert Reeves nos confirma que embarcarse en una actividad creadora es acompasarse con el diapasón del universo.

Para crear, para operar una metamorfosis, la naturaleza combina dos elementos fundamentales, los "encuentros creativos" y las "propiedades emergentes". El científico lo explica utilizando el ejemplo de las palabras y las frases. Si pronunciamos sucesivamente las letras "a", "z", "u", "l", en el momento en que pronunciamos la "l" final, emerge la imagen asociada a la palabra "azul", así como el conjunto de evocaciones ligadas a ella. Esta asociación constituye el "encuentro creativo", la imagen creada es la "propiedad emergente". Así, en aquello que Reeves llama el "cosmos primigenio", el equivalente a las letras son las partículas elementales (*quarks* y electrones) de las que estamos constituidos, como todo el universo. La palabra es el núcleo atómico, la frase es el átomo, el párrafo es la molécula, el ADN sería un libro y así sucesivamente...[48] Eso es lo que describía Shakespeare en *El sueño de una noche de verano:* "Y como la imaginación da cuerpo / A las cosas desconocidas, así la pluma del poeta / Les da forma, otorgando al aire incorpóreo / Morada donde vivir, además de un nombre".

LA KATA DEL DETERMINISMO AZAROSO

Comienza a observar todo lo que te rodea, todo lo que te sucede, todo lo que sucede en el mundo como si te estuviera destinado. Diviértete, por ejemplo, leyendo todos los libros de los que llegues a saber por azar: recomendaciones de amigos, referencias en un artículo o una entrevista. Te sorprenderás al comprobar los resultados cuando respondas a estas llamadas.

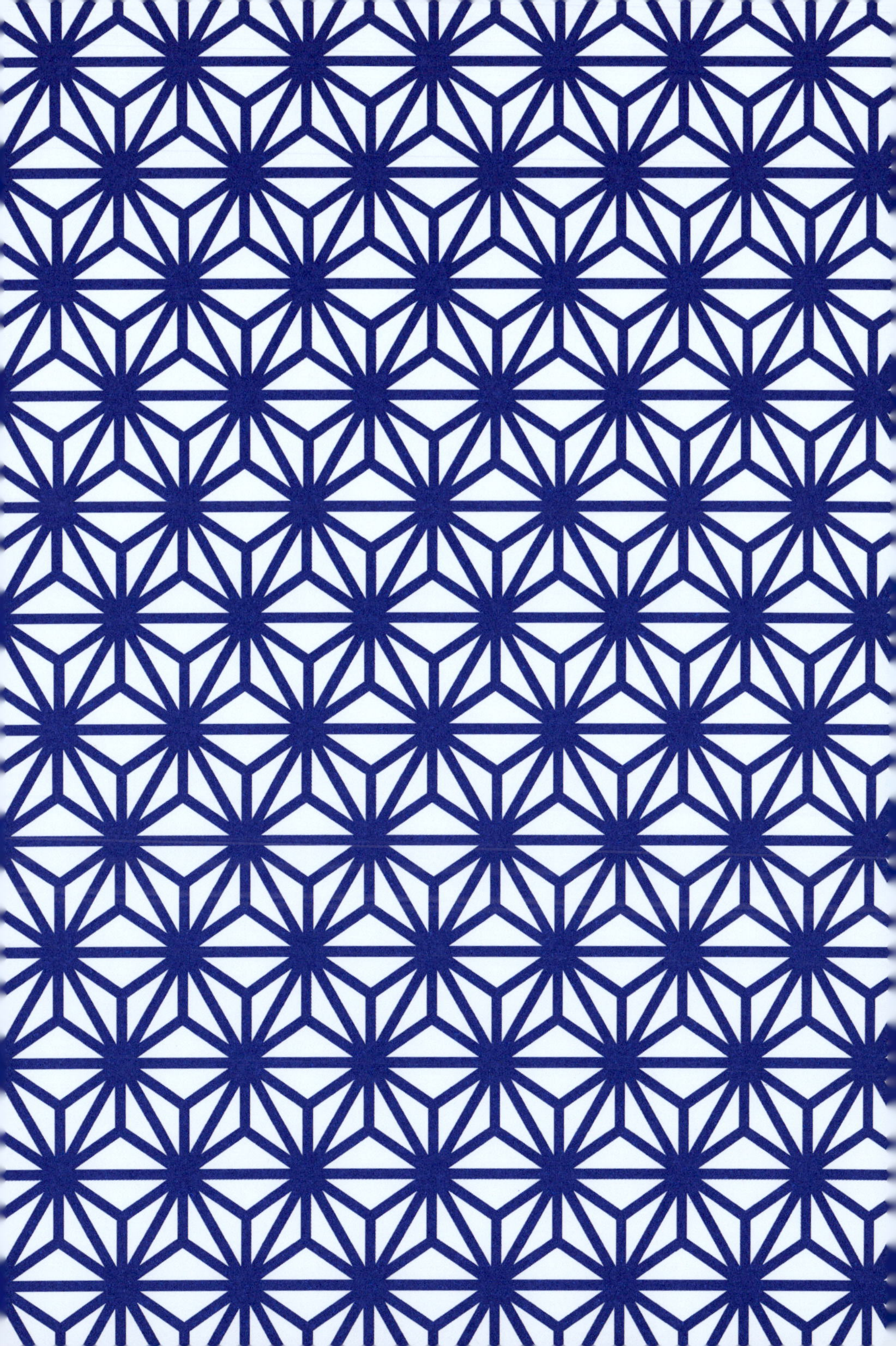

Guarda silencio

LAO TSÉ

EL SILENCIO SAGRADO

Uno de los ingredientes esenciales de la creatividad es el silencio. "Toda la infelicidad de los hombres viene de una sola cosa: que son incapaces de quedarse quietos en una habitación", decía Pascal.[49] Como dice también el autor Alain Corbin: "En el pasado, los hombres paladeaban la profundidad y los sabores del silencio. Lo consideraban una condición para el recogimiento, para la escucha de sí, para la meditación, para la oración, para la ensoñación, para la creación; sobre todo como un lugar interior donde la palabra emerge".[50] Ser capaz de estar en silencio con nosotros mismos es ser capaz de conectar con nuestra naturaleza esencial. En este espacio interior (que no tiene de espacio más que el nombre) es donde emerge la creación. Todos somos seres espirituales que viven una experiencia humana. La quietud nos permite relacionarnos con esta esencia. Guardar silencio es, ante todo, no escuchar las solicitaciones del exterior, como dice Anne Lamott: "Aceptar no vivir como un grifo abierto durante media hora. En lugar de ello, vivir como un investigador, como un poeta, como un niño o como un ancestro de la tribu. Lo que implica, y es horrible, quitarle el sonido a tu teléfono". Guardar silencio es también distanciarse de las voces del dragón que habita en nuestro interior. En lugar de concentrarnos en esos pensamientos, concentrémonos en el espacio en el que estos se despliegan. Contemplemos la distancia entre dos de esos pensamientos. Como señala el dibujante de cómics estadounidense Scott McCloud en su obra *Entender el cómic: el arte invisible*, toda la magia del cómic se sitúa en el espacio entre dos viñetas. Para él, el cómic es un arte de la elipse. Un arte de la ausencia. En realidad, toda creación es un arte de la elipse, pero también de la atención.

RUIDO DE FONDO

Nuestra época tiene miedo del silencio. Tiene miedo del vacío. El ruido está por todas partes y adopta todas las formas posibles: sonidos, imágenes, mensajes...

Hasta tal punto es así que, como dice el filósofo y mecánico de motocicletas Matthew B. Crawford, citado en la revista *Télérama*, el silencio se ha convertido en un lujo. Incluso se ofrece en forma de salones privados destinados a viajeros de clase *business* en los aeropuertos: "Se propone disfrutar del silencio como de un producto de lujo. En la sala *business* del aeropuerto Charles-de-Gaulle no hay televisión, no hay publicidad en las paredes, mientras que en el resto del aeropuerto reina la cacofonía habitual". Nuestra atención se ha convertido así en una forma de riqueza. Como creativos es nuestro bien más preciado. Y debemos preservarla porque es un "recurso del que no disponemos más que en cantidades finitas", continúa Crawford. El filósofo nos aconseja pasar a la acción. En su caso, ha optado por reparar motos. Poco importa la actividad, de lo que se trata es de enfocarnos en ella totalmente y de hacerlo en silencio. De este modo, el profesional creativo puede oponer resistencia al *zeitgeist* de nuestra civilización. ¡No malgastemos nuestra atención! Concentrémosla en lo mejor que tenemos. Esa es una de las claves para mejorar este mundo.

GEORGE R. R. MARTIN

George R. R. Martin es el autor de la gran saga de novelas fantásticas *Canción de hielo y fuego*, adaptada como serie televisiva y más conocida como *Juego de tronos*.

Está considerado como el Tolkien estadounidense. La saga está compuesta de siete volúmenes, de los cuales cinco están ya escritos y los dos siguientes, en el momento de escribir estas líneas, están todavía por llegar. Martin ha creado más de 2300 personajes y cada tomo tiene cerca de 1000 páginas. Además de su talento, Martin tiene un secreto para lograr escribir y aplicarse a semejante tarea monumental. Tiene dos ordenadores. El primero es un PC completamente corriente, que usa para navegar en internet y consultar el correo electrónico, pero que apaga cuando usa el segundo, un trasto viejo que funciona todavía con MS-DOS, un lenguaje de programación rudimentario y desfasado, cuya interfaz emplea líneas de comandos, de modo que el usuario se comunica con la máquina a través de texto. Como es previsible, Martin no puede conectarse a internet con él. Pero eso no es todo: Martin escribe sus libros con la ayuda de un viejo *software* de tratamiento de texto que data de los años 70, WordStar 4.0. Su uso permite al escritor, entre otras cosas, no padecer los engorros de las herramientas de corrección automática, lo que le permite también desplegar toda su imaginación para inventar las normas de sus personajes, de sus clanes y sus territorios como mejor le parezca.

LA KATA DEL SILENCIO

Pongamos en práctica este ejercicio propuesto por el escritor y conferenciante Eckhart Tolle: "Cada vez que te envuelva un silencio, escúchalo. Percíbelo, sencillamente. Dedícale toda tu atención [...]. Fíjate: cuando caes en la cuenta del silencio que te rodea, no piensas. Eres consciente, pero sin pensar".[51]

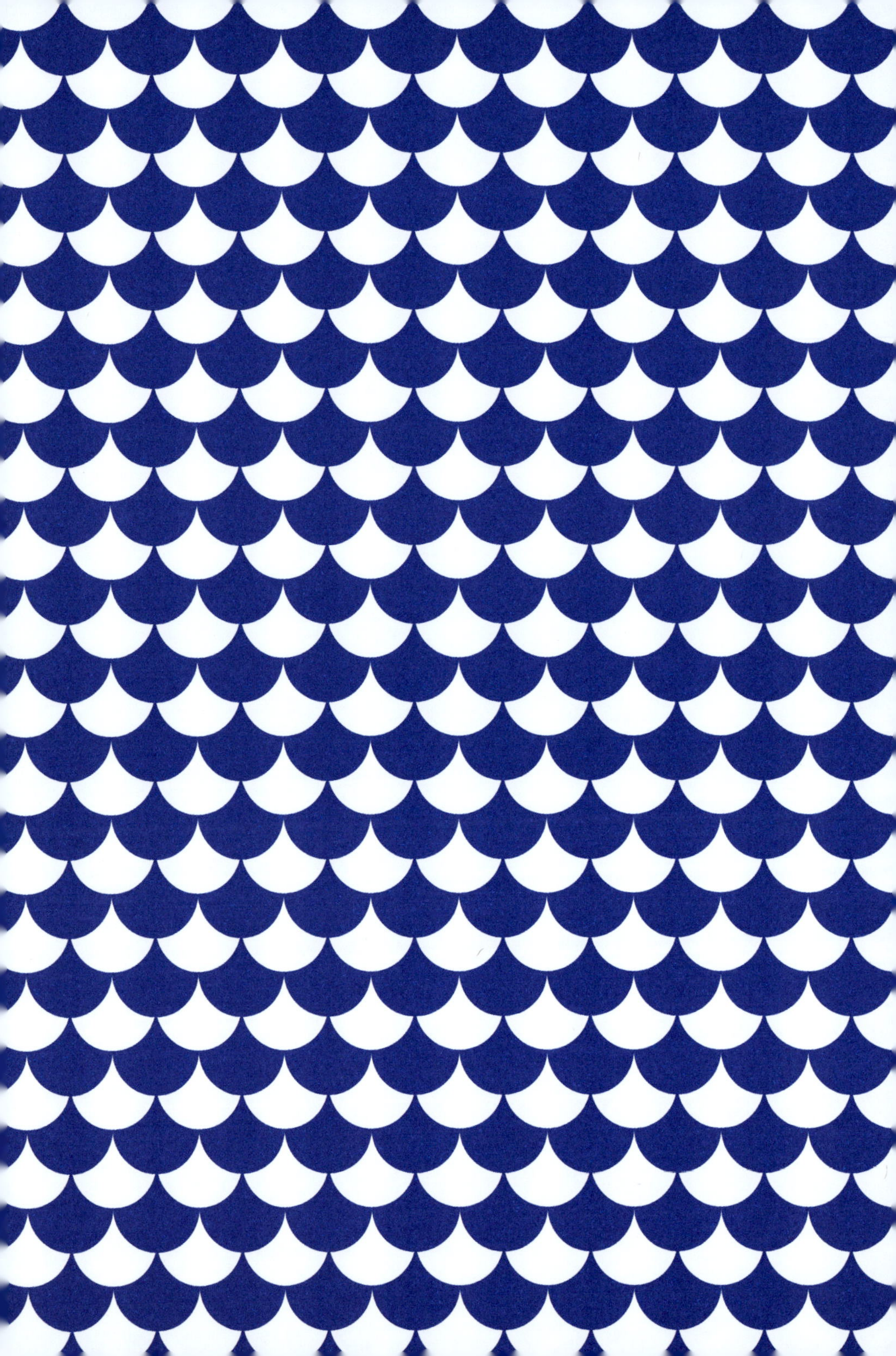

NOTAS

1 — fr.wikipedia.org/wiki/Économie_de_l%27attention.

2 — Djalâl-Od-Dîn Rûmî (1207-1273), poeta sufí persa.

3 — Roberson, Debi; Davidoff, Jules B.; Davies, Ian R. L. y Shapiro, Laura R., *Color Categories: Evidence for the Cultural Relativity Hypothesis*, Goldsmiths Research Online, 2005.

4 — *M le magazine du Monde*, 29 de abril de 2016.

5 — Mathieu Bouvier, "Chaplin/Keaton, le Clochard milliardaire et le Funambule déchu", en la emisión del programa *Duels* del 4 de febrero de 2016 en el canal de televisión France 5.

6 — Eugen Herrigel, *Le Zen dans l'art chevaleresque du tir à l'arc*, 1970. [Existe edición en castellano: *Zen en el arte del tiro con arco*, Gaia, Madrid, 2012].

7 — *M le magazine du Monde*, 29 de abril de 2016.

8 — *La Grande Librairie*, France 5, marzo de 2016.

9 — *Libération*, 28 de julio de 2004.

10 — spanky-few.com/2012/04/06/jean-baptiste-talbourdet-napoleonedirecteur-artistique/.

11 — *M le magazine du Monde*, 29 de abril de 2016.

12 — *The Great Discontent*, enero de 2014.

13 — *Paul Smith, gentleman designer*, Arte France, 2011.

14 — Blair Enns, *Gagner sans idées gratuites*, traducido al francés por François Caspar, 2010.

15 — youtube.com/watch?v=Q56M5OZS1A8.

16 — 'Bien, bien' [en francés en el original inglés].

17 — Frédéric Laloux, *Reinventing Organizations : vers des communautés de travail inspirées*, 2015. [Existe edición en castellano: *Reinventar las organizaciones*, Arpa Editores, Barcelona, 2016].

18 — *The Guardian*, 2013, theguardian.com/music/musicblog/2013/apr/26/jamesrhodes-blog-find-what-you-love.

19 — sagmeisterwalsh.com/answers/all/about-inspiration/.

20 — Deepak Chopra, *Les Sept Lois spirituelles du succès*, 1994. [Existe edición en castellano: *Las siete leyes espirituales del éxito*, Edaf, Madrid, 1996].

21 — *La Bhagavad-Gîtâ*, traducido por Alain Porte, 2004. [Existen numerosas ediciones en castellano: *El Canto del Señor: Bagavad-Gita*, Biblioteca Nueva, Madrid, 2000].

22 — Eugen Herrigel, *Le Zen dans l'art chevaleresque du tir à l'arc*, 1970. [Existe edición en castellano: *Zen en el arte del tiro con arco*, Gaia, Madrid, 2012].

23 — futura-sciences.com/magazines/sante/infos/dossiers/d/genetique-geneadn-proteines-1130/page/4/.

24 — *Le Monde*, abril de 2016.

25 — *Le Monde*, 1 de abril de 2016.

26 — thegreatdiscontent.com/100days.

27 — Austin Kleon, *Voler comme un artiste*, 2014. [Existe edición en castellano: *Roba como un artista*, Aguilar, Madrid, 2012].

28 — Eugen Herrigel, *Le Zen dans l'art chevaleresque du tir à l'arc*, 1970. [Existe edición en castellano: *Zen en el arte del tiro con arco*, Gaia, Madrid, 2012].

29 — *The Telegraph*, abril de 2016.

30 — Kata. Comienza por el final. Un día que estés bloqueado, trabaja al revés. Comienza tu libro por el final. Cuando te quedes sin ideas, diseñando una portada de revista, trabaja la página poniéndola bocabajo.

31 — youtube.com/watch?v=u1D2_bovy20.

32 — Eugen Herrigel, *Le Zen dans l'art chevaleresque du tir à l'arc*, 1970. [Existe edición en castellano: *Zen en el arte del tiro con arco*, Gaia, Madrid, 2012].

33 — Jacques Lusseyran, *La Lumière dans les ténèbres*, 2002.

34 — Jacques Lusseyran, *Et la lumière fut*, 1953. [Existe edición en castellano: *Y la luz se hizo*, Editorial Rudolf Steiner, Madrid, 2000].

35 — Jacques Lusseyran, *Le Monde commence aujourd'hui*, 1959.

36 — Jonny Wilkinson, *Mémoires d'un perfectionniste*, 2012.

37 — Les Cahiers du football, *Comment regarder un match de foot ?*, Solar, 2016.

38 — *Paul Auster: How I Became a Writer*, Louisiana Museum of Modern Art, 2014 (vídeo).

39 — Steven Heller y Véronique Vienne, *Art Direction Explained, at Last!*, 2009.

40 — readingdesign.org/ten-things

41 — Laurent Chalumeau, *Elmore Leonard, un maître à écrire*, 2015.

42 — Psicólogo, nacido en 1933, autor de *El pensamiento lateral* (publicado originalmente en 1972).

43 — Stephen King, *Écriture, mémoires d'un métier*, 2003. [Existe edición en castellano: *Mientras escribo*, Debolsillo, Madrid, 2016].

44 — Walter Isaacson, *Steve Jobs*, 2012. [Existe edición en castellano: *Steve Jobs*, Debolsillo, Madrid, 2017].

45 — "'Comme si mon esprit avait quitté mon corps', dit Novak Djokovic après sa victoire à Roland-Garros", Lequipe.fr, junio de 2016.

46 — Mathieu Bouvier, "Chaplin/Keaton, le Clochard milliardaire et le Funambule déchu", en la emisión de programa *Duels* del 4 de febrero de 2016 en el canal de televisión France 5.

47 — vincentperrottet.com/texte%20V.P..pdf.

48 — Hubert Reeves y Daniel Casanave, *L'Univers*, 2016.

49 — Weronicka Zarachowicz, "Comment le monde actuel a privatisé le silence", telerama.fr, marzo de 2016.

50 — Alain Corbin, *Histoire du silence: de la Renaissance à nos jours*, 2016.

51 — Eckhart Tollé, *L'Art du calme intérieur*, 2003. [Existe edición en castellano: *El silencio habla*, Gaia, Madrid, 2009].

> "No cesaremos de explorar, y el final
> de nuestra exploración será llegar
> donde empezamos y conocer el lugar
> por primera vez."

T. S. ELIOT

Llegamos al final de este libro. Desde ahora, sabes que eres un samurái. Si estabas buscando una señal, este libro es una. Es la señal de tu partida en la vía del creativo. Puede que aquí hayas encontrado un cierto número de contradicciones, de incoherencias o de banalidades, incluso de absurdeces. Sin duda, pero poco importa. En realidad, lo que importa es que te apropies de la obra en un sentido o en otro. Este texto ya no me pertenece. Desde ahora es tuyo. Como dice Paul Auster: "Cada libro es leído de manera diferente por cada lector". Te toca a ti formular tus propias reglas del juego. Encuentra tu propio sentido e inscríbelo en tu historia personal. En el momento de la composición de este texto, uno de mis héroes nos ha dejado. Se trata de Jim Harrison. A lo largo de toda su obra, este inmenso escritor ha explorado un gran número de temas profundos y universales, entre ellos, de manera notable, uno muy fundamental: el de la herida. Harrison era un escritor herido. Siendo niño, se quedó tuerto. Desde entonces creció al margen del mundo. El hecho de no poseer más que un solo ojo le permitió ver el universo de una manera única. Se retiró a la naturaleza y se puso a escribir poemas. Su herida atraviesa toda su obra. Prácticamente todos los héroes de Harrison se quiebran en algún punto de sus respectivas historias. En ese momento comienzan a considerar su existencia desde otro ángulo. Las historias de Harrison son relatos de convalecencias. Hablan de renacimientos, de aquello que algunos llaman la "resiliencia". Hablan de nuestra capacidad para renacer después de los fracasos. Ahí es donde se encuentra el arte de ser creativo: en nuestra capacidad para gestionar la herida, nuestro miedo visceral al fracaso. Debemos saber reconocerla, afrontarla y superarla. Esa es la única vía posible para actualizar nuestro tesoro.

Paul Smith soñaba, de adolescente, con llegar a ser ciclista profesional. Pero un día, montando, tuvo un grave accidente a raíz del cual estuvo hospitalizado tres meses. En el hospital conoció a unas personas que le propusieron ir a tomar algo a un *pub*. Instintivamente, les siguió. Entre esas personas había dos estudiantes de arte. Smith escuchó entonces por primera vez hablar de arte pop, de la Bauhaus, de Le Corbusier y de Carnaby Street... "¿Resulta que uno puede ganarse la vida haciendo cosas tan guays?", se preguntó. Entonces conoció a una chica joven que quería abrir su propia *boutique*. Smith la embaucó (tal cual) y le contó lo que sabía hacer. La ayudó a abrir el pequeño negocio y el resto ya es historia.

La búsqueda como creativo es una metáfora de la lucha que todos libramos por descubrir nuestra naturaleza fundamental. Una búsqueda en la que se prueba que no hay camino de retorno. Partimos en pos de algo que nunca hemos dejado de poseer. Cuando estamos inmersos en el proceso creativo, nos conectamos de nuevo, y totalmente, con todo lo que somos y nos distanciamos de aquello que no somos: un cuerpo y una mente separados del resto del mundo. No existe una sola vía del creativo, sino miles. A ti te corresponde trazar la tuya. Para ello bastará con querer actuar y con que te intereses por aquello que puedas fabricar junto al resto de nosotros para hacer de este mundo un lugar mejor. La ruta es bella. ¡Di sí!

"Da gracias por la canción inacabada,
porque es la que hace que te levantes a
trabajar el día siguiente."

GUY CLARK (1942-2016)

REFERENCIAS

Bibliografía

Arden, Paul, *Vous pouvez être ce que vous voulez être*, Phaidon, 2004. [Existe edición en castellano: *Usted puede ser lo bueno que quiera ser*, Phaidon, 2005].

Bierut Michael, *How to*, Thames & Hudson, 2015.

Brazier, Brendan, *Thrive*, Da Capo Press, 2007.

Brown, Brené, *Le Pouvoir de la vulnérabilité*, Guy Trédaniel, 2014. [Existe edición en castellano: *El poder de ser vulnerable*, Urano, Madrid, 2016].

Catmull, Ed, *Creativity, Inc. Overcoming the Unseen Forces that Stand in the Way of True Inspiration*, Random House, 2014. [Existe edición en castellano: *Creatividad S. A. Cómo llevar la inspiración hasta el infinito y más allá*, Conecta, Madrid, 2014].

Chalumeau, Laurent, *Elmore Leonard, un maître à écrire*, Rivages, 2015.

Corbin, Alain, *Histoire du silence : de la Renaissance à nos jours*, Albin Michel, 2016.

Deavere Smith, Anna, *Letters to a Young Artist*, Anchor, 2006.

Deepak Chopra, *Les Sept Lois spirituelles du succès*, J'ai Lu, 1994. [Existe edición en castellano: *Las siete leyes espirituales del éxito*, Edaf, Madrid, 1996].

Djokovic, Novak, *Service gagnant*, Pocket, 2015. [Existe edición en castellano: *El secreto de un ganador*, books4pocket, Madrid, 2017].

Dylan, Bob, *Chroniques*, volumen 1, Fayard, 2004. [Existe edición en castellano: *Crónicas*, volumen 1, Malpaso, Barcelona, 2017].

Maestro Eckhart, *OEuvres*, Gallimard, 1942.

Eckhart, Tolle, *L'Art du calme intérieur*, J'ai Lu, 2003. [Existe edición en castellano: *El silencio habla*, Gaia, Madrid, 2009].

Enns, Blair, *Gagner sans idées gratuites*, Moneydesign, 2014.

Fleury, Cynthia, *Les Irremplaçables*, Gallimard, 2015.

Foster Wallace, David, *C'est de l'eau*, Au Diable Vauvert, 2010. [Existe edición en castellano: *Esto es agua*, Random House, Madrid, 2014].

Glei, Jocelyn K. y 99U, *Manage your Day-to-Day*, Amazon Publishing, 2013.

Glei, Jocelyn K. y 99U, *Maximize your Potential*, Amazon Publishing, 2013.

Godin, Seth, *Êtes-vous indispensable ?*, Diateino, 2010. [Existe edición en castellano: *¿Eres imprescindible?*, Booket, Madrid, 2011].

Hegarty, John, *On Advertising. Turning Intelligence into Magic*, Thames & Hudson, 2011.

Heller, Steven y Vienne, Véronique, *Art Direction Explained, at Last!*, Laurence King, 2009.

Herrigel, Eugen, *Le Zen dans l'art chevaleresque du tir à l'arc*, Dervy, 1970. [Existe edición en castellano: *Zen en el arte del tiro con arco*, Gaia, Madrid, 2012].

Huston, Nancy, *L'Espèce fabulatrice*, Babel, 2008. [Existe edición en castellano: *La especie fabuladora*, Galaxia Gutenberg, Barcelona, 2007].

Hyde, Lewis, *The Gift*, Canongate Books, 2006.

Isaacson, Walter, *Steve Jobs*, Le Livre de Poche, 2012. [Existe edición en castellano: *Steve Jobs*, Debolsillo, Madrid, 2017].

Kastrup, Bernardo, *Why Materialism is Baloney*, Iff Books, 2014.

Kerouac, Jack, *Journaux de bord,1947-1954*, Gallimard, 2004. [Existe edición en castellano: *Diarios, 1947-1954*, Editores Argentinos, Buenos Aires, 2015].

King, Stephen, *Écriture, mémoires d'un métier*, Le Livre de Poche, 2003. [Existe edición en castellano: *Mientras escribo*, Debolsillo, Madrid, 2016].

Klein, Jean, *Ouvert à l'inconnu*, éditions Accarias – L'Originel, 1992.

Klein, Jean, *La Joie sans objet*, Almora, 2009. [Existe edición en castellano: *La alegría sin objeto*, Cegal, Madrid, 1999].

Klein, Jean, *Être*, Almora, 2014.

Kleon, Austin, *Voler comme un artiste*, De L'Homme, 2014.. [Existe edición en castellano: *Roba como un artista*, Aguilar, Madrid, 2012].

La Bhagavad-Gîtâ, traducido por Alain Porte, Arléa, 2004. [Existen numerosas ediciones en castellano: *El Canto del Señor: Bagavad-Gita*, Biblioteca Nueva, Madrid, 2000].

Laloux, Frédéric, *Reinventing Organizations*, Diateino, 2015. [Existe edición en castellano: *Reinventar las organizaciones*, Arpa Editores, Barcelona, 2016].

Lamott, Anne, *Bird by Bird*, Anchor Books, 1995.. [Existe edición en castellano: *Pájaro a pájaro. Algunas instrucciones para escribir y para la vida*, Kantolla, Madrid, 2009].

Lao Tsé, *Tao-tö king*, Folio, 1967. [Existen numerosas ediciones en castellano: *Tao Te King*, Obelisco, Barcelona, 2004].

Lucille, Francis, *Le Sens des choses*, éditions Accarias – L'Originel, 1998.

Lusseyran, Jacques, *La Lumière dans les ténèbres*, Triades, 2002.

Lusseyran, Jacques, *Le Monde commence aujourd'hui*, Folio, 2012.

Lusseyran Jacques, *Et la lumière fut*, Folio, 2016. [Existe edición en castellano: *Y la luz se hizo*, Editorial Rudolf Steiner, Madrid, 2000].

Madson, Patricia Ryan, *Impro Wisdom*, Harmony, 2005.

McCartney, Paul, *Des mots qui vont très bien ensemble*, BakerStreet, 2015.

McCloud, Scott, *L'Art invisible*, Delcourt, 2007. [Existe edición en castellano: *Entender el cómic. El arte invisible*, Astiberri, Bilbao, 2016].

Millman, Debbie, *How to Think Like a Great Graphic Designer*, Allworth Press, 2007.

Mouron, Henri, *Cassandre*, Skira, 1985.

Murakami, Haruki, *Autoportrait de l'auteur en coureur de fond*, Belfond, 2007. [Existe edición en castellano: *De qué hablo cuando hablo de correr*, Maxi-Tusquets, Barcelona, 2011].

Pressfield, Steven, *The War of Art*, Black Irish Entertainment, 2002. [Existe edición en castellano: *La Guerra del Arte: Rompe las barreras y vence tus batallas creativas internas*, Black Irish Entertainment LLC, 2013].

Pressfield, Steven, *Turning Pro*, Black Irish Entertainment, 2012.

Reeves, Hubert y Casanave, Daniel, *L'Univers*, Le Lombard, 2016.

Sagmeister, Stefan, *Things I Have Learned in My Life So Far*, Abrams, 2014.

Sartre, Jean-Paul, *Les Mots*, Folio, 1964. [Existe edición en castellano: *Las palabras*, Alianza Editorial, Madrid, 1996].

Shakespeare, William, *Le Songe d'une nuit d'été*, Flammarion, 1956. [Existen numerosas ediciones en castellano: *El sueño de una noche de verano*, Obelisco, Alianza Editorial, Madrid, 2011].

Spira, Rupert, *La Transparence des choses*, éditions Accarias – L'Originel, 2008.

Spira, Rupert, *Présence*, éditions Accarias – L'Originel, 2011. [Existe edición en castellano: *Presencia*, Sirio, Málaga, 2015].

Spira, Rupert, *The Light of Pure Knowing*, Sahaja Publications, 2014.

Suzuki, Shunryu, *Esprit zen, esprit neuf*, Points, 1970. [Existe edición en castellano: *Mente zen, mente de principiante*, Estaciones, 2015].

Maestro Takuan, *Mystères de la sagesse immobile*, Albin Michel, 2014. [Existe edición en castellano: *Misterios de la sabiduría inmóvil del maestro Takuan*, Paidós, Barcelona, 1991].

Tsunetomo, Yamamoto, *Hagakure, le livre du samouraï*, Budo éditions, 2014 [Existe edición en castellano: *Hagakure. El camino del samurái*, Cegal, Madrid, 2017].

Turner, Fred, *Aux sources de l'utopie numérique*, C&F éditions, 2013.

Victore, James, *Victore or, Who Died and Made You Boss?*, Abrams, 2010.

Webb Young, James, *A Technique for Producing Ideas*, McGraw-Hill Books, 2003. [Existe edición en castellano: *Una técnica para producir ideas*, Eresma, Barcelona, 1982].

Zander, Benjamin y Rosamund Stone, *The Art of Possibility*, Harvard Business School Press, 2001. [Existe edición en castellano: *El arte de lo posible. Transformar la vida personal y profesional*, Paidós, Barcelona, 2001].

Sitios web

brainpickings.org

thegreatdiscontent.com

99u.com

Sitio web del autor:
creativity-doctor.com

AGRADECIMIENTOS

Un gran "gracias", en primer lugar, a Céline Remechido y Christelle Doyelle por haber creído desde el principio en mí y en mi proyecto. Le estoy especialmente agradecido a Christelle por su ayuda, su exigencia y sus valiosos consejos.

Quiero dar las gracias también a Jean-Yves Zagnoni, que me ha enseñado todo lo que sé sobre el oficio, así como sobre la determinación y el respeto que debemos volcar en nuestra obra. Gracias a Benoît Vallet por su chispa, su afecto y su apoyo.

Por último, todo mi amor y mi reconocimiento para Marion, sin quien, desde siempre, nada es posible, así como para Arsène, mi fuente infinita de fuego, de gozo y de esperanza.

SOBRE EL AUTOR

Guillaume Lamarre es director de arte editorial desde hace 15 años. Graduado en Ciencias Políticas, es un autor y formador experto en *creative thinking* y *storytelling*.

Algunos de los referentes estéticos que lo han llevado a recorrer esta vía son: en primer lugar, la colección de revistas *Rolling Stone* que su padre tenía encuadernadas en clasificadores amarillos y almacenadas en la balda inferior de la biblioteca familiar; las portadas de los álbumes (en formato auténtico, vinilo de 33 rpm) *Sgt. Pepper's Lonely Hearts Club Band* de los Beatles y *Cardiff Rose* de Roger McGuinn; un retrato crepuscular del joven Keith Richards, enmarcado en ébano en la pared de una habitación perdida de Nièvre; las primeras frases de "Thunder Road" de Bruce Springsteen; la cubierta de *Tintín en el Tíbet*, sin duda.

Por último, "Tangled up in Blue" de Bob Dylan, sonando a todo volumen en una carretera de Luberon, bajo un cielo azul eléctrico.

Si quieres saber más sobre la vía del creativo visita: creativity-doctor.com